DEDICATION

This Dive Log is dedicated to all the diving enthusiasts out there who want to record their dives and document their findings in the process.

You are my inspiration for producing books and I'm honored to be a part of keeping all of your diving notes and records organized.

This journal notebook will help you record the details of your diving adventures.

Thoughtfully put together with these sections to record: Dive Number, Time In & Out, BAR/PSI, Bottom Time & Depth, RNT, ABT, TBT, Visibility, Temps, Dive Shop Stamp & much more.

HOW TO USE THIS BOOK

The purpose of this book is to keep all of your Diving notes all in one place. It will help keep you organized.

This Dive Log will allow you to accurately document every detail about your diving adventures.

Here are examples of the prompts for you to fill in and write about your experience in this book:

* 1. Dive Number
* 2. Date, Location, Ocean
* 3. Time In & Out
* 4. BAR/ PSI Start & End
* 5. SI, PG, Computer Dive
* 6. Bottom Time & Depth
* 7. RNT, ABT, TBT
* 8. Visibility
* 9. Air, Surface, & Bottom Temp
* 10. Dive Shop Stamp
* 11. Gear Used
* 12. Bottom Time To Date
* 13. Verification Signature
* 14. Dive Notes

Dive Number: _____

Date: _____

Location: _____

Ocean: _____

SI	PG		PG

☐ Computer Dive

BOTTOM TIME
_____

DEPTH

TIME IN:	TIME OUT:
Bar / psi START	Bar / psi END

RNT_____
ABT _____
TBT _____

VISIBILITY:
_____

TEMP: Air ____ Surface ____ Bottom ____

GEAR USED
BCD: _____
Wetsuit: _____
Fins: _____
Weights: _____ kg/lbs
Cylinder: _____ Litres

DIVE SHOP STAMP

☐ **Steel**   ☐ **Aluminium**

☐ **Fresh**   ☐ **Salt**   ☐ **Shore**   ☐ **Boat**   ☐ **Drift**   ☐ **Right**   ☐ **Training**

Dive Comments:

_____
_____
_____
_____
_____

BOTTOM TIME TO
DATE: _____

Time Of This Dive: _____

Cumulative Dive
Time: _____

Verification Signature:

_____

☐ **Instructor** ☐ **Divemaster** ☐ **Buddy**

Certification No: _____

Dive Number: _____

Date: _____

Location: _____

Ocean: _____

| SI | PG | | PG |

☐ Computer Dive

BOTTOM TIME _____

DEPTH _____

TIME IN:	TIME OUT:
Bar / psi START	**Bar / psi END**

RNT _____
ABT _____
TBT _____

VISIBILITY: _____

TEMP: Air ____ Surface ____ Bottom ____

GEAR USED
BCD: _____
Wetsuit: _____
Fins: _____
Weights: _____ kg/lbs
Cylinder: _____ Litres

☐ **Steel**   ☐ **Aluminium**

☐ **Fresh**   ☐ **Salt**   ☐ **Shore**   ☐ **Boat**   ☐ **Drift**   ☐ **Right**   ☐ **Training**

Dive Comments:
_____
_____
_____
_____
_____

DIVE SHOP STAMP

BOTTOM TIME TO DATE:	_____	**Verification Signature:**

BOTTOM TIME TO DATE: _____

Time Of This Dive: _____

Cumulative Dive Time: _____

Verification Signature:

_____

☐ **Instructor** ☐ **Divemaster** ☐ **Buddy**

Certification No: _____

Dive Number: _____

Date: _____

Location: _____

Ocean: _____

TIME IN:	TIME OUT:
Bar / psi START	Bar / psi END

SI	PG		PG

☐ Computer Dive

BOTTOM TIME
_____
DEPTH

RNT_____
ABT _____
TBT _____

VISIBILITY:
_____

TEMP: Air _____ Surface _____ Bottom _____

GEAR USED
BCD: _____
Wetsuit: _____
Fins: _____
Weights: _____ **kg/lbs**
Cylinder: _____ **Litres**

DIVE SHOP STAMP

☐ **Steel**   ☐ **Aluminium**

☐ **Fresh**   ☐ **Salt**   ☐ **Shore**   ☐ **Boat**   ☐ **Drift**   ☐ **Right**   ☐ **Training**

Dive Comments:

_____

_____

_____

_____

_____

BOTTOM TIME TO DATE: _____	**Verification Signature:**
Time Of This Dive: _____	_____ ☐ **Instructor** ☐ **Divemaster** ☐ **Buddy**
Cumulative Dive Time: _____	**Certification No:** _____

Dive Number: _____

Date: _____

Location: _____

Ocean: _____

| SI | PG | | PG |

☐ Computer Dive

BOTTOM TIME
_____

DEPTH

TIME IN:	TIME OUT:

Bar / psi START	Bar / psi END

RNT_____
ABT _____
TBT _____

VISIBILITY:
_____

TEMP: Air _____ Surface _____ Bottom _____

GEAR USED
BCD: _____
Wetsuit: _____
Fins: _____
Weights: _____ **kg/lbs**
Cylinder: _____ **Litres**

DIVE SHOP STAMP

☐ **Steel**   ☐ **Aluminium**

☐ **Fresh**   ☐ **Salt**   ☐ **Shore**   ☐ **Boat**   ☐ **Drift**   ☐ **Right**   ☐ **Training**

Dive Comments:

_____

_____

_____

_____

_____

BOTTOM TIME TO DATE: _____	**Verification Signature:**
Time Of This Dive: _____	_____
	☐ **Instructor** ☐ **Divemaster** ☐ **Buddy**
Cumulative Dive Time: _____	**Certification No:** _____

Dive Number: _____
Date: _____
Location: _____
Ocean: _____

SI	PG		PG

☐ Computer Dive

BOTTOM TIME

DEPTH

TIME IN:	TIME OUT:
Bar / psi **START**	**Bar / psi** **END**

RNT_____
ABT _____
TBT _____

VISIBILITY:
_____

TEMP: Air _____ Surface _____ Bottom _____

GEAR USED
BCD: _____
Wetsuit: _____
Fins: _____
Weights: _____ **kg/lbs**
Cylinder: _____ **Litres**

DIVE SHOP STAMP

☐ **Steel**   ☐ **Aluminium**
☐ **Fresh**   ☐ **Salt**   ☐ **Shore**   ☐ **Boat**   ☐ **Drift**   ☐ **Right**   ☐ **Training**
Dive Comments:
_____
_____
_____
_____
_____

BOTTOM TIME TO DATE: _____	**Verification Signature:**
Time Of This Dive: _____	_____
	☐ **Instructor** ☐ **Divemaster** ☐ **Buddy**
Cumulative Dive Time: _____	**Certification No:** _____

Dive Number: _____

Date: _____

Location: _____

Ocean: _____

TIME IN:	TIME OUT:

Bar / psi START	Bar / psi END

| SI | PG | | PG |

☐ Computer Dive

BOTTOM TIME
_____

DEPTH

RNT _____
ABT _____
TBT _____

VISIBILITY:
_____

TEMP: Air _____ Surface _____ Bottom _____

GEAR USED
BCD: _____
Wetsuit: _____
Fins: _____
Weights: _____ **kg/lbs**
Cylinder: _____ **Litres**

☐ **Steel**   ☐ **Aluminium**

☐ **Fresh**   ☐ **Salt**   ☐ **Shore**   ☐ **Boat**   ☐ **Drift**   ☐ **Right**   ☐ **Training**

Dive Comments:

_____
_____
_____
_____
_____

DIVE SHOP STAMP

BOTTOM TIME TO DATE: _____	**Verification Signature:**
Time Of This Dive: _____	_____
Cumulative Dive Time: _____	☐ **Instructor** ☐ **Divemaster** ☐ **Buddy** **Certification No:** _____

Dive Number: _____

Date: _____

Location: _____

Ocean: _____

TIME IN:	TIME OUT:

Bar / psi START	Bar / psi END

SI	PG		PG

☐ Computer Dive

BOTTOM TIME _____

DEPTH

RNT_____
ABT _____
TBT _____

VISIBILITY:
_____

TEMP: Air _____ Surface _____ Bottom _____

GEAR USED
BCD: _____
Wetsuit: _____
Fins: _____
Weights: _____ **kg/lbs**
Cylinder: _____ **Litres**

DIVE SHOP STAMP

☐ **Steel** ☐ **Aluminium**

☐ **Fresh** ☐ **Salt** ☐ **Shore** ☐ **Boat** ☐ **Drift** ☐ **Right** ☐ **Training**

Dive Comments:

_____

_____

_____

_____

_____

BOTTOM TIME TO
DATE: _____

Time Of This Dive: _____

Cumulative Dive
Time: _____

Verification Signature:

_____

☐ **Instructor** ☐ **Divemaster** ☐ **Buddy**

Certification No: _____

Dive Number: _____
Date: _____
Location: _____
Ocean: _____

TIME IN:	TIME OUT:

Bar / psi START	Bar / psi END

| SI | PG | | PG |

☐ Computer Dive

BOTTOM TIME

DEPTH

RNT_____
ABT _____
TBT _____

VISIBILITY:
_____

TEMP: Air _____ Surface _____ Bottom _____

GEAR USED
BCD: _____
Wetsuit: _____
Fins: _____
Weights: _____ kg/lbs
Cylinder: _____ Litres

DIVE SHOP STAMP

☐ **Steel** ☐ **Aluminium**

☐ **Fresh** ☐ **Salt** ☐ **Shore** ☐ **Boat** ☐ **Drift** ☐ **Right** ☐ **Training**

Dive Comments:
_____
_____
_____
_____
_____

BOTTOM TIME TO DATE: _____

Time Of This Dive: _____

Cumulative Dive Time: _____

Verification Signature:

_____

☐ **Instructor** ☐ **Divemaster** ☐ **Buddy**

Certification No: _____

Dive Number: _____

Date: _____

Location: _____

Ocean: _____

| SI | PG | | PG |

☐ Computer Dive

BOTTOM TIME
_____
DEPTH

TIME IN:	TIME OUT:
Bar / psi START	Bar / psi END

RNT_____
ABT _____
TBT _____

VISIBILITY:
_____

TEMP: Air _____ Surface _____ Bottom _____

GEAR USED
BCD: _____
Wetsuit: _____
Fins: _____
Weights: _____ **kg/lbs**
Cylinder: _____ **Litres**

DIVE SHOP STAMP

☐ **Steel** ☐ **Aluminium**

☐ **Fresh** ☐ **Salt** ☐ **Shore** ☐ **Boat** ☐ **Drift** ☐ **Right** ☐ **Training**

Dive Comments:

_____
_____
_____
_____
_____
_____

BOTTOM TIME TO DATE: _____

Time Of This Dive: _____

Cumulative Dive Time: _____

Verification Signature:

_____

☐ **Instructor** ☐ **Divemaster** ☐ **Buddy**

Certification No: _____

Dive Number: _____

Date: _____

Location: _____

Ocean: _____

| SI | PG | | PG |

Computer Dive

BOTTOM TIME
_____
DEPTH

TIME IN:	TIME OUT:

Bar / psi START	Bar / psi END

RNT_____
ABT _____
TBT _____

VISIBILITY:
_____

TEMP: Air _____ Surface _____ Bottom _____

GEAR USED
BCD: _____

Wetsuit: _____

Fins: _____

Weights: _____ **kg/lbs**

Cylinder: _____ **Litres**

□ **Steel**   □ **Aluminium**

□ **Fresh**   □ **Salt**   □ **Shore**   □ **Boat**   □ **Drift**   □ **Right**   □ **Training**

Dive Comments:

DIVE SHOP STAMP

_____

_____

_____

_____

_____

BOTTOM TIME TO DATE: _____

Time Of This Dive: _____

Cumulative Dive Time: _____

Verification Signature:

_____

□ **Instructor** □ **Divemaster** □ **Buddy**

Certification No: _____

Dive Number: _____
Date: _____
Location: _____
Ocean: _____

SI	PG		PG

☐ Computer Dive

BOTTOM TIME

DEPTH

TIME IN:	TIME OUT:
Bar / psi **START**	Bar / psi **END**

RNT_____
ABT _____
TBT _____

VISIBILITY:
_____

TEMP: Air _____ Surface _____ Bottom _____

GEAR USED
BCD: _____
Wetsuit: _____
Fins: _____
Weights: _____ **kg/lbs**
Cylinder: _____ **Litres**

DIVE SHOP STAMP

☐ **Steel**   ☐ **Aluminium**

☐ **Fresh**   ☐ **Salt**   ☐ **Shore**   ☐ **Boat**   ☐ **Drift**   ☐ **Right**   ☐ **Training**

Dive Comments:

_____
_____
_____
_____
_____

BOTTOM TIME TO DATE: _____

Time Of This Dive: _____

Cumulative Dive Time: _____

Verification Signature:

_____

☐ **Instructor** ☐ **Divemaster** ☐ **Buddy**

Certification No: _____

Dive Number: _____

Date: _____

Location: _____

Ocean: _____

TIME IN:	TIME OUT:

	SI	PG		PG

☐ Computer
☐ Dive

BOTTOM TIME
_____
DEPTH

Bar / psi START	Bar / psi END

RNT_____
ABT _____
TBT _____

VISIBILITY:
_____

TEMP: Air _____ Surface _____ Bottom _____

GEAR USED
BCD: _____
Wetsuit: _____
Fins: _____
Weights: _____ **kg/lbs**
Cylinder: _____ **Litres**

DIVE SHOP STAMP

☐ **Steel**   ☐ **Aluminium**

☐ **Fresh**   ☐ **Salt**   ☐ **Shore**   ☐ **Boat**   ☐ **Drift**   ☐ **Right**   ☐ **Training**

Dive Comments:

_____
_____
_____
_____
_____

BOTTOM TIME TO
DATE: _____

Time Of This Dive: _____

Cumulative Dive
Time: _____

Verification Signature:

_____

☐ **Instructor** ☐ **Divemaster** ☐ **Buddy**

Certification No: _____

Dive Number: _____

Date: _____

Location: _____

Ocean: _____

TIME IN:	TIME OUT:

Bar / psi START	Bar / psi END

SI	PG		PG

☐ Computer Dive

BOTTOM TIME
_____
DEPTH

RNT_____
ABT _____
TBT _____

VISIBILITY:
_____

TEMP: Air _____ Surface _____ Bottom _____

GEAR USED
BCD: _____
Wetsuit: _____
Fins: _____
Weights: _____ **kg/lbs**
Cylinder: _____ **Litres**

DIVE SHOP STAMP

☐ **Steel**   ☐ **Aluminium**

☐ **Fresh**   ☐ **Salt**   ☐ **Shore**   ☐ **Boat**   ☐ **Drift**   ☐ **Right**   ☐ **Training**

Dive Comments:

_____

_____

_____

_____

_____

BOTTOM TIME TO DATE: _____	**Verification Signature:**
Time Of This Dive: _____	_____
Cumulative Dive Time: _____	☐ **Instructor** ☐ **Divemaster** ☐ **Buddy** **Certification No:** _____

Dive Number: _____

Date: _____

Location: _____

Ocean: _____

SI	PG		PG

☐ Computer Dive

BOTTOM TIME
_____

DEPTH

TIME IN:	TIME OUT:

Bar / psi START	Bar / psi END

RNT _____
ABT _____
TBT _____

VISIBILITY:
_____

TEMP: Air ____ Surface ____ Bottom ____

GEAR USED

BCD: _____

Wetsuit: _____

Fins: _____

Weights: _____ **kg/lbs**

Cylinder: _____ **Litres**

DIVE SHOP STAMP

☐ **Steel**   ☐ **Aluminium**

☐ **Fresh**   ☐ **Salt**   ☐ **Shore**   ☐ **Boat**   ☐ **Drift**   ☐ **Right**   ☐ **Training**

Dive Comments:

_____

_____

_____

_____

_____

BOTTOM TIME TO DATE: _____	**Verification Signature:**
Time Of This Dive: _____	_____
	☐ **Instructor** ☐ **Divemaster** ☐ **Buddy**
Cumulative Dive Time: _____	**Certification No:** _____

Dive Number: _____

Date: _____

Location: _____

Ocean: _____

SI	PG		PG

☐ Computer
☐ Dive

BOTTOM TIME
_____
DEPTH

TIME IN:	TIME OUT:

Bar / psi START	Bar / psi END

RNT_____
ABT _____
TBT _____

VISIBILITY:
_____

TEMP: Air _____ Surface _____ Bottom _____

GEAR USED
BCD: _____
Wetsuit: _____
Fins: _____
Weights: _____ **kg/lbs**
Cylinder: _____ **Litres**

DIVE SHOP STAMP

☐ **Steel**   ☐ **Aluminium**

☐ **Fresh**   ☐ **Salt**   ☐ **Shore**   ☐ **Boat**   ☐ **Drift**   ☐ **Right**   ☐ **Training**

Dive Comments:

_____

_____

_____

_____

_____

BOTTOM TIME TO
DATE: _____

Time Of This Dive: _____

Cumulative Dive
Time: _____

Verification Signature:

_____

☐ **Instructor** ☐ **Divemaster** ☐ **Buddy**

Certification No: _____

Dive Number: _____
Date: _____
Location: _____
Ocean: _____

TIME IN:	TIME OUT:

Bar / psi START	Bar / psi END

SI | PG | PG

☐ Computer Dive

BOTTOM TIME
_____

DEPTH

RNT_____
ABT _____
TBT _____

VISIBILITY:
_____

TEMP: Air ____ Surface ____ Bottom ____

GEAR USED
BCD: _____
Wetsuit: _____
Fins: _____
Weights: _____ **kg/lbs**
Cylinder: _____ **Litres**

DIVE SHOP STAMP

☐ **Steel**   ☐ **Aluminium**
☐ **Fresh**   ☐ **Salt**   ☐ **Shore**   ☐ **Boat**   ☐ **Drift**   ☐ **Right**   ☐ **Training**
Dive Comments:
_____
_____
_____
_____
_____

BOTTOM TIME TO DATE: _____	Verification Signature:
Time Of This Dive: _____	_____
	☐ Instructor ☐ Divemaster ☐ Buddy
Cumulative Dive Time: _____	Certification No: _____

Dive Number: _____

Date: _____

Location: _____

Ocean: _____

SI	PG		PG

☐ Computer Dive

BOTTOM TIME
_____
DEPTH

TIME IN:	TIME OUT:

Bar / psi START	Bar / psi END

RNT_____
ABT _____
TBT _____

VISIBILITY:
_____

TEMP: Air _____ Surface _____ Bottom _____

GEAR USED
BCD: _____
Wetsuit: _____
Fins: _____
Weights: _____ **kg/lbs**
Cylinder: _____ **Litres**

DIVE SHOP STAMP

☐ **Steel** ☐ **Aluminium**

☐ **Fresh** ☐ **Salt** ☐ **Shore** ☐ **Boat** ☐ **Drift** ☐ **Right** ☐ **Training**

Dive Comments:

_____

_____

_____

_____

_____

BOTTOM TIME TO DATE: _____

Time Of This Dive: _____

Cumulative Dive Time: _____

Verification Signature:

_____

☐ **Instructor** ☐ **Divemaster** ☐ **Buddy**

Certification No: _____

Dive Number: _____

Date: _____

Location: _____

Ocean: _____

| SI | PG | | PG |

☐ Computer Dive

BOTTOM TIME _____

DEPTH

TIME IN:	TIME OUT:

Bar / psi START	Bar / psi END

RNT _____
ABT _____
TBT _____

VISIBILITY:
_____

TEMP: Air ____ Surface ____ Bottom ____

GEAR USED
BCD: _____
Wetsuit: _____
Fins: _____
Weights: _____ **kg/lbs**
Cylinder: _____ **Litres**

DIVE SHOP STAMP

☐ **Steel**   ☐ **Aluminium**

☐ **Fresh**   ☐ **Salt**   ☐ **Shore**   ☐ **Boat**   ☐ **Drift**   ☐ **Right**   ☐ **Training**

Dive Comments:

_____

_____

_____

_____

_____

BOTTOM TIME TO DATE: _____	Verification Signature:
Time Of This Dive: _____	_____
	☐ Instructor ☐ Divemaster ☐ Buddy
Cumulative Dive Time: _____	Certification No: _____

Dive Number: _____

Date: _____

Location: _____

Ocean: _____

SI	PG		PG

☐ Computer Dive

BOTTOM TIME
_____

DEPTH

TIME IN:	TIME OUT:
Bar / psi **START**	Bar / psi **END**

RNT _____
ABT _____
TBT _____

VISIBILITY:
_____

TEMP: Air _____ Surface _____ Bottom _____

GEAR USED
BCD: _____
Wetsuit: _____
Fins: _____
Weights: _____ **kg/lbs**
Cylinder: _____ **Litres**

DIVE SHOP STAMP

☐ **Steel**   ☐ **Aluminium**

☐ **Fresh**   ☐ **Salt**   ☐ **Shore**   ☐ **Boat**   ☐ **Drift**   ☐ **Right**   ☐ **Training**

Dive Comments:

_____
_____
_____
_____
_____

BOTTOM TIME TO DATE: _____	**Verification Signature:** _____
Time Of This Dive: _____	☐ **Instructor** ☐ **Divemaster** ☐ **Buddy**
Cumulative Dive Time: _____	Certification No: _____

Dive Number: _____
Date: _____
Location: _____
Ocean: _____

TIME IN:	TIME OUT:
Bar / psi START	Bar / psi END

SI	PG		PG

☐ Computer
☐ Dive

BOTTOM TIME
_____

DEPTH

RNT_____
ABT _____
TBT _____

VISIBILITY:
_____

TEMP: Air _____ Surface _____ Bottom _____

DIVE SHOP STAMP

GEAR USED
BCD: _____
Wetsuit: _____
Fins: _____
Weights: _____ **kg/lbs**
Cylinder: _____ **Litres**

☐ **Steel**   ☐ **Aluminium**

☐ **Fresh**   ☐ **Salt**   ☐ **Shore**   ☐ **Boat**   ☐ **Drift**   ☐ **Right**   ☐ **Training**

Dive Comments:
_____
_____
_____
_____
_____

BOTTOM TIME TO DATE: _____	Verification Signature:
Time Of This Dive: _____	_____
	☐ Instructor ☐ Divemaster ☐ Buddy
Cumulative Dive Time: _____	Certification No: _____

Dive Number: _____
Date: _____
Location: _____
Ocean: _____

| SI | PG | | PG |

☐ Computer Dive

BOTTOM TIME
_____
DEPTH

TIME IN:	TIME OUT:

Bar / psi START	Bar / psi END

RNT_____
ABT _____
TBT _____

VISIBILITY:
_____

TEMP: Air _____ Surface _____ Bottom _____

GEAR USED
BCD: _____
Wetsuit: _____
Fins: _____
Weights: _____ **kg/lbs**
Cylinder: _____ **Litres**

DIVE SHOP STAMP

☐ **Steel**   ☐ **Aluminium**

☐ **Fresh**   ☐ **Salt**   ☐ **Shore**   ☐ **Boat**   ☐ **Drift**   ☐ **Right**   ☐ **Training**

Dive Comments:
_____
_____
_____
_____
_____

BOTTOM TIME TO DATE: _____	**Verification Signature:**
Time Of This Dive: _____	_____
Cumulative Dive Time: _____	☐ **Instructor** ☐ **Divemaster** ☐ **Buddy** Certification No: _____

Dive Number: _____

Date: _____

Location: _____

Ocean: _____

| SI | PG | | PG |

Computer Dive

BOTTOM TIME _____

DEPTH _____

TIME IN:	TIME OUT:
Bar / psi START	Bar / psi END

RNT_____
ABT _____
TBT _____

VISIBILITY: _____

TEMP: Air _____ Surface _____ Bottom _____

GEAR USED
BCD: _____
Wetsuit: _____
Fins: _____
Weights: _____ **kg/lbs**
Cylinder: _____ **Litres**

DIVE SHOP STAMP

□ **Steel**   □ **Aluminium**

□ **Fresh**   □ **Salt**   □ **Shore**   □ **Boat**   □ **Drift**   □ **Right**   □ **Training**

Dive Comments:
_____
_____
_____
_____
_____

BOTTOM TIME TO DATE: _____	**Verification Signature:** _____ □ **Instructor** □ **Divemaster** □ **Buddy**
Time Of This Dive: _____	
Cumulative Dive Time: _____	**Certification No:** _____

Dive Number: _____

Date: _____

Location: _____

Ocean: _____

TIME IN:	TIME OUT:

Bar / psi START	Bar / psi END

SI	PG		PG

☐ Computer Dive

BOTTOM TIME
_____

DEPTH

RNT_____
ABT _____
TBT _____

VISIBILITY:
_____

TEMP: Air ـــــ Surface ـــــ Bottom ـــــ

GEAR USED
BCD: _____

Wetsuit: _____

Fins: _____

Weights: _____ **kg/lbs**

Cylinder: _____ **Litres**

DIVE SHOP STAMP

☐ **Steel**   ☐ **Aluminium**

☐ **Fresh**   ☐ **Salt**   ☐ **Shore**   ☐ **Boat**   ☐ **Drift**   ☐ **Right**   ☐ **Training**

Dive Comments:

_____

_____

_____

_____

_____

BOTTOM TIME TO DATE: _____	**Verification Signature:**
Time Of This Dive: _____	_____
	☐ **Instructor** ☐ **Divemaster** ☐ **Buddy**
Cumulative Dive Time: _____	**Certification No:** _____

Dive Number: _____

Date: _____

Location: _____

Ocean: _____

TIME IN:	TIME OUT:

Bar / psi START	Bar / psi END

SI	PG		PG

☐ Computer Dive

BOTTOM TIME
_____

DEPTH

RNT_____
ABT _____
TBT _____

VISIBILITY:
_____

TEMP: Air _____ Surface _____ Bottom _____

GEAR USED
BCD: _____
Wetsuit: _____
Fins: _____
Weights: _____ **kg/lbs**
Cylinder: _____ **Litres**

DIVE SHOP STAMP

☐ **Steel**   ☐ **Aluminium**

☐ **Fresh**   ☐ **Salt**   ☐ **Shore**   ☐ **Boat**   ☐ **Drift**   ☐ **Right**   ☐ **Training**

Dive Comments:

_____

_____

_____

_____

_____

BOTTOM TIME TO DATE:	_____	**Verification Signature:**
Time Of This Dive:	_____	_____
		☐ **Instructor** ☐ **Divemaster** ☐ **Buddy**
Cumulative Dive Time:	_____	**Certification No:** _____

Dive Number: _____
Date: _____
Location: _____
Ocean: _____

SI	PG		PG

☐ Computer Dive

BOTTOM TIME
_____
DEPTH

TIME IN:	TIME OUT:
Bar / psi START	Bar / psi END

RNT _____
ABT _____
TBT _____

VISIBILITY:
_____

TEMP: Air ____ Surface ____ Bottom ____

GEAR USED
BCD: _____
Wetsuit: _____
Fins: _____
Weights: _____ **kg/lbs**
Cylinder: _____ **Litres**

☐ **Steel** ☐ **Aluminium**
☐ **Fresh** ☐ **Salt** ☐ **Shore** ☐ **Boat** ☐ **Drift** ☐ **Right** ☐ **Training**

Dive Comments:
_____
_____
_____
_____
_____

DIVE SHOP STAMP

BOTTOM TIME TO DATE: _____	**Verification Signature:**
Time Of This Dive: _____	_____
	☐ **Instructor** ☐ **Divemaster** ☐ **Buddy**
Cumulative Dive Time: _____	**Certification No:** _____

Dive Number: _____

Date: _____

Location: _____

Ocean: _____

| SI | PG | | PG |

Computer Dive

BOTTOM TIME

DEPTH

TIME IN:	TIME OUT:
Bar / psi START	Bar / psi END

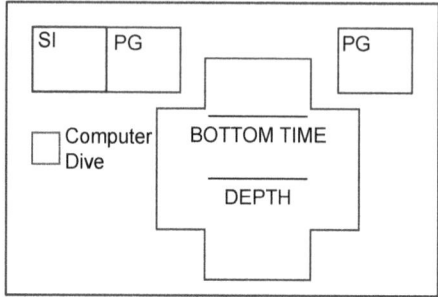

RNT_____
ABT _____
TBT _____

VISIBILITY: _____

TEMP: Air _____ Surface _____ Bottom _____

GEAR USED
BCD: _____
Wetsuit: _____
Fins: _____
Weights: _____ **kg/lbs**
Cylinder: _____ **Litres**

DIVE SHOP STAMP

□ **Steel**   □ **Aluminium**

□ **Fresh**   □ **Salt**   □ **Shore**   □ **Boat**   □ **Drift**   □ **Right**   □ **Training**

Dive Comments:
_____
_____
_____
_____
_____

BOTTOM TIME TO DATE: _____

Time Of This Dive: _____

Cumulative Dive Time: _____

Verification Signature:

_____

□ **Instructor** □ **Divemaster** □ **Buddy**

Certification No: _____

Dive Number: _____

Date: _____

Location: _____

Ocean: _____

SI	PG		PG
		BOTTOM TIME	
☐ Computer Dive		_____	
		DEPTH	

TIME IN:	TIME OUT:
Bar / psi START	Bar / psi END

RNT _____
ABT _____
TBT _____

VISIBILITY:
_____

TEMP: Air ____ Surface ____ Bottom ____

GEAR USED
BCD: _____
Wetsuit: _____
Fins: _____
Weights: _____ **kg/lbs**
Cylinder: _____ **Litres**

DIVE SHOP STAMP

☐ **Steel**   ☐ **Aluminium**

☐ **Fresh**   ☐ **Salt**   ☐ **Shore**   ☐ **Boat**   ☐ **Drift**   ☐ **Right**   ☐ **Training**

Dive Comments:

_____
_____
_____
_____
_____

BOTTOM TIME TO DATE: _____	**Verification Signature:**
Time Of This Dive: _____	_____
Cumulative Dive Time: _____	☐ **Instructor** ☐ **Divemaster** ☐ **Buddy** Certification No: _____

Dive Number: _____
Date: _____
Location: _____
Ocean: _____

| SI | PG | | PG |

Computer Dive ☐

BOTTOM TIME _____

DEPTH _____

TIME IN:	TIME OUT:

Bar / psi START	Bar / psi END

RNT_____
ABT _____
TBT _____

VISIBILITY: _____

TEMP: Air ____ Surface ____ Bottom ____

GEAR USED
BCD: _____
Wetsuit: _____
Fins: _____
Weights: _____ **kg/lbs**
Cylinder: _____ **Litres**

DIVE SHOP STAMP

☐ **Steel**   ☐ **Aluminium**

☐ **Fresh**   ☐ **Salt**   ☐ **Shore**   ☐ **Boat**   ☐ **Drift**   ☐ **Right**   ☐ **Training**

Dive Comments:
_____
_____
_____
_____
_____

BOTTOM TIME TO DATE: _____	**Verification Signature:**
Time Of This Dive: _____	_____
Cumulative Dive Time: _____	☐ **Instructor** ☐ **Divemaster** ☐ **Buddy**
	Certification No: _____

Dive Number: _____
Date: _____
Location: _____
Ocean: _____

TIME IN:	TIME OUT:

Bar / psi START	Bar / psi END

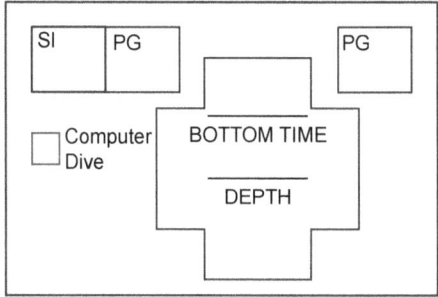

SI	PG		PG

☐ Computer Dive

BOTTOM TIME

DEPTH

RNT_____
ABT _____
TBT _____

VISIBILITY:
_____

TEMP: Air _____ Surface _____ Bottom _____

GEAR USED
BCD: _____
Wetsuit: _____
Fins: _____
Weights: _____ **kg/lbs**
Cylinder: _____ **Litres**

DIVE SHOP STAMP

☐ **Steel**   ☐ **Aluminium**

☐ **Fresh**   ☐ **Salt**   ☐ **Shore**   ☐ **Boat**   ☐ **Drift**   ☐ **Right**   ☐ **Training**

Dive Comments:
_____
_____
_____
_____
_____

BOTTOM TIME TO DATE: _____	**Verification Signature:** _____
Time Of This Dive: _____	☐ **Instructor** ☐ **Divemaster** ☐ **Buddy**
Cumulative Dive Time: _____	**Certification No:** _____

Dive Number: _____

Date: _____

Location: _____

Ocean: _____

TIME IN:	TIME OUT:

Bar / psi START	Bar / psi END

SI | PG | PG

☐ Computer Dive

BOTTOM TIME
_____
DEPTH

RNT_____
ABT _____
TBT _____

VISIBILITY:
_____

TEMP: Air _____ Surface _____ Bottom _____

GEAR USED
BCD: _____
Wetsuit: _____
Fins: _____
Weights: _____ **kg/lbs**
Cylinder: _____ **Litres**

DIVE SHOP STAMP

☐ **Steel** ☐ **Aluminium**

☐ **Fresh** ☐ **Salt** ☐ **Shore** ☐ **Boat** ☐ **Drift** ☐ **Right** ☐ **Training**

Dive Comments:

_____
_____
_____
_____
_____

BOTTOM TIME TO DATE: _____

Time Of This Dive: _____

Cumulative Dive Time: _____

Verification Signature:

_____

☐ **Instructor** ☐ **Divemaster** ☐ **Buddy**

Certification No: _____

Dive Number: _____

Date: _____

Location: _____

Ocean: _____

SI	PG		PG

☐ Computer Dive

BOTTOM TIME
_____

DEPTH

TIME IN:	TIME OUT:

Bar / psi START	Bar / psi END

RNT_____
ABT _____
TBT _____

VISIBILITY:
_____

TEMP: Air _____ Surface _____ Bottom _____

GEAR USED
BCD: _____
Wetsuit: _____
Fins: _____
Weights: _____ **kg/lbs**
Cylinder: _____ **Litres**

DIVE SHOP STAMP

☐ **Steel**   ☐ **Aluminium**

☐ **Fresh**   ☐ **Salt**   ☐ **Shore**   ☐ **Boat**   ☐ **Drift**   ☐ **Right**   ☐ **Training**

Dive Comments:

_____

_____

_____

_____

_____

BOTTOM TIME TO DATE: _____	**Verification Signature:**
Time Of This Dive: _____	_____
Cumulative Dive Time: _____	☐ **Instructor** ☐ **Divemaster** ☐ **Buddy**
	Certification No: _____

Dive Number: _____
Date: _____
Location: _____
Ocean: _____

TIME IN:	TIME OUT:

Bar / psi START	Bar / psi END

SI	PG		PG

□ Computer Dive

BOTTOM TIME

DEPTH

RNT_____
ABT _____
TBT _____

VISIBILITY:
_____

TEMP: Air _____ Surface _____ Bottom _____

GEAR USED
BCD: _____
Wetsuit: _____
Fins: _____
Weights: _____ **kg/lbs**
Cylinder: _____ **Litres**

DIVE SHOP STAMP

□ **Steel**   □ **Aluminium**
□ **Fresh**   □ **Salt**   □ **Shore**   □ **Boat**   □ **Drift**   □ **Right**   □ **Training**
Dive Comments:
_____
_____
_____
_____
_____

BOTTOM TIME TO DATE: _____	**Verification Signature:**
Time Of This Dive: _____	_____
Cumulative Dive Time: _____	□ **Instructor** □ **Divemaster** □ **Buddy**
	Certification No: _____

Dive Number: _____

Date: _____

Location: _____

Ocean: _____

TIME IN:	TIME OUT:

Bar / psi START	Bar / psi END

SI	PG		PG

☐ Computer Dive

BOTTOM TIME
_____
DEPTH

RNT_____
ABT _____
TBT _____

VISIBILITY:
_____

TEMP: Air _____ Surface _____ Bottom _____

GEAR USED
BCD: _____
Wetsuit: _____
Fins: _____
Weights: _____ **kg/lbs**
Cylinder: _____ **Litres**

DIVE SHOP STAMP

☐ **Steel**   ☐ **Aluminium**

☐ **Fresh**   ☐ **Salt**   ☐ **Shore**   ☐ **Boat**   ☐ **Drift**   ☐ **Right**   ☐ **Training**

Dive Comments:

_____
_____
_____
_____
_____

BOTTOM TIME TO DATE: _____	**Verification Signature:**
Time Of This Dive: _____	_____
	☐ **Instructor** ☐ **Divemaster** ☐ **Buddy**
Cumulative Dive Time: _____	**Certification No:** _____

Dive Number: _____

Date: _____

Location: _____

Ocean: _____

TIME IN:	TIME OUT:

Bar / psi START	Bar / psi END

SI	PG		PG

☐ Computer Dive

BOTTOM TIME
_____

DEPTH

RNT_____
ABT _____
TBT _____

VISIBILITY:
_____

TEMP: Air _____ Surface _____ Bottom _____

GEAR USED
BCD: _____
Wetsuit: _____
Fins: _____
Weights: _____ kg/lbs
Cylinder: _____ Litres

DIVE SHOP STAMP

☐ **Steel**   ☐ **Aluminium**

☐ **Fresh**   ☐ **Salt**   ☐ **Shore**   ☐ **Boat**   ☐ **Drift**   ☐ **Right**   ☐ **Training**

Dive Comments:

_____

_____

_____

_____

_____

BOTTOM TIME TO DATE: _____	**Verification Signature:**
Time Of This Dive: _____	_____
Cumulative Dive Time: _____	☐ **Instructor** ☐ **Divemaster** ☐ **Buddy** **Certification No:** _____

Dive Number: _____

Date: _____

Location: _____

Ocean: _____

TIME IN:	TIME OUT:

Bar / psi START	Bar / psi END

SI	PG		PG

☐ Computer Dive

BOTTOM TIME

DEPTH

RNT_____
ABT _____
TBT _____

VISIBILITY:
_____

TEMP: Air _____ Surface _____ Bottom _____

GEAR USED
BCD: _____
Wetsuit: _____
Fins: _____
Weights: _____ kg/lbs
Cylinder: _____ Litres

DIVE SHOP STAMP

☐ **Steel**   ☐ **Aluminium**

☐ **Fresh**   ☐ **Salt**   ☐ **Shore**   ☐ **Boat**   ☐ **Drift**   ☐ **Right**   ☐ **Training**

Dive Comments:

_____
_____
_____
_____
_____

BOTTOM TIME TO
DATE: _____

Time Of This Dive: _____

Cumulative Dive
Time: _____

Verification Signature:

_____

☐ **Instructor** ☐ **Divemaster** ☐ **Buddy**

Certification No: _____

Dive Number: _____

Date: _____

Location: _____

Ocean: _____

TIME IN:	TIME OUT:
Bar / psi START	Bar / psi END

SI	PG		PG

□ Computer
  Dive   BOTTOM TIME _____

DEPTH _____

RNT_____
ABT _____
TBT _____

VISIBILITY:
_____

TEMP: Air _____ Surface _____ Bottom _____

DIVE SHOP STAMP

GEAR USED
BCD: _____
Wetsuit: _____
Fins: _____
Weights: _____ **kg/lbs**
Cylinder: _____ **Litres**

□ **Steel**   □ **Aluminium**

□ **Fresh**   □ **Salt**   □ **Shore**   □ **Boat**   □ **Drift**   □ **Right**   □ **Training**

Dive Comments:
_____
_____
_____
_____
_____

BOTTOM TIME TO DATE: _____	**Verification Signature:** _____
Time Of This Dive: _____	□ **Instructor** □ **Divemaster** □ **Buddy**
Cumulative Dive Time: _____	**Certification No:** _____

Dive Number: _____

Date: _____

Location: _____

Ocean: _____

SI	PG		PG

☐ Computer Dive

BOTTOM TIME
_____
DEPTH

TIME IN:	TIME OUT:

Bar / psi START	Bar / psi END

RNT_____
ABT _____
TBT _____

VISIBILITY:
_____

TEMP: Air ____ Surface ____ Bottom ____

GEAR USED
BCD: _____
Wetsuit: _____
Fins: _____
Weights: _____ **kg/lbs**
Cylinder: _____ **Litres**

DIVE SHOP STAMP

☐ **Steel**   ☐ **Aluminium**

☐ **Fresh**   ☐ **Salt**   ☐ **Shore**   ☐ **Boat**   ☐ **Drift**   ☐ **Right**   ☐ **Training**

Dive Comments:

_____
_____
_____
_____
_____

BOTTOM TIME TO DATE: _____

Time Of This Dive: _____

Cumulative Dive Time: _____

Verification Signature:

_____

☐ **Instructor** ☐ **Divemaster** ☐ **Buddy**

Certification No: _____

Dive Number: _____
Date: _____
Location: _____
Ocean: _____

TIME IN:	TIME OUT:

Bar / psi START	Bar / psi END

SI	PG		PG

☐ Computer Dive

BOTTOM TIME

DEPTH

RNT _____
ABT _____
TBT _____

VISIBILITY:
_____

TEMP: Air _____ Surface _____ Bottom _____

GEAR USED
BCD: _____
Wetsuit: _____
Fins: _____
Weights: _____ **kg/lbs**
Cylinder: _____ **Litres**

☐ **Steel**   ☐ **Aluminium**
☐ **Fresh**   ☐ **Salt**   ☐ **Shore**   ☐ **Boat**   ☐ **Drift**   ☐ **Right**   ☐ **Training**
Dive Comments:

DIVE SHOP STAMP

_____
_____
_____
_____
_____

BOTTOM TIME TO DATE: _____	**Verification Signature:**
Time Of This Dive: _____	_____
	☐ **Instructor** ☐ **Divemaster** ☐ **Buddy**
Cumulative Dive Time: _____	**Certification No:** _____

Dive Number: _____

Date: _____

Location: _____

Ocean: _____

SI	PG		PG

☐ Computer Dive

BOTTOM TIME
_____
DEPTH

TIME IN:	TIME OUT:

Bar / psi START	Bar / psi END

RNT_____
ABT _____
TBT _____

VISIBILITY:
_____

TEMP: Air _____ Surface _____ Bottom _____

GEAR USED
BCD: _____

Wetsuit: _____

Fins: _____

Weights: _____ **kg/lbs**

Cylinder: _____ **Litres**

DIVE SHOP STAMP

☐ **Steel**   ☐ **Aluminium**

☐ **Fresh**   ☐ **Salt**   ☐ **Shore**   ☐ **Boat**   ☐ **Drift**   ☐ **Right**   ☐ **Training**

Dive Comments:

_____

_____

_____

_____

_____

BOTTOM TIME TO
DATE: _____

Time Of This Dive: _____

Cumulative Dive
Time: _____

Verification Signature:

_____

☐ **Instructor** ☐ **Divemaster** ☐ **Buddy**

Certification No: _____

Dive Number: _____

Date: _____

Location: _____

Ocean: _____

TIME IN:	TIME OUT:
Bar / psi START	Bar / psi END

SI	PG		PG

☐ Computer
☐ Dive

BOTTOM TIME
_____
DEPTH

RNT_____
ABT _____
TBT _____

VISIBILITY:
_____

TEMP: Air _____ Surface _____ Bottom _____

GEAR USED
BCD: _____
Wetsuit: _____
Fins: _____
Weights: _____ **kg/lbs**
Cylinder: _____ **Litres**

DIVE SHOP STAMP

☐ **Steel**   ☐ **Aluminium**

☐ **Fresh**   ☐ **Salt**   ☐ **Shore**   ☐ **Boat**   ☐ **Drift**   ☐ **Right**   ☐ **Training**

Dive Comments:

_____

_____

_____

_____

_____

BOTTOM TIME TO DATE: _____	**Verification Signature:**
Time Of This Dive: _____	_____
Cumulative Dive Time: _____	☐ **Instructor** ☐ **Divemaster** ☐ **Buddy** **Certification No:** _____

Dive Number: _____
Date: _____
Location: _____
Ocean: _____

SI	PG		PG

□ Computer Dive

BOTTOM TIME
_____

DEPTH

TIME IN:	TIME OUT:
Bar / psi START	Bar / psi END

RNT_____
ABT _____
TBT _____

VISIBILITY:
_____

TEMP: Air _____ Surface _____ Bottom _____

GEAR USED
BCD: _____
Wetsuit: _____
Fins: _____
Weights: _____ **kg/lbs**
Cylinder: _____ **Litres**

DIVE SHOP STAMP

□ **Steel** □ **Aluminium**
□ **Fresh** □ **Salt** □ **Shore** □ **Boat** □ **Drift** □ **Right** □ **Training**
Dive Comments:

_____
_____
_____
_____
_____

BOTTOM TIME TO DATE: _____	**Verification Signature:**
Time Of This Dive: _____	_____
Cumulative Dive Time: _____	□ **Instructor** □ **Divemaster** □ **Buddy**
	Certification No: _____

Dive Number: _____

Date: _____

Location: _____

Ocean: _____

| SI | PG | | PG |

☐ Computer Dive

BOTTOM TIME
_____
DEPTH

TIME IN:	TIME OUT:
Bar / psi START	Bar / psi END

RNT_____
ABT _____
TBT _____

VISIBILITY:
_____

TEMP: Air _____ Surface _____ Bottom _____

GEAR USED
BCD: _____
Wetsuit: _____
Fins: _____
Weights: _____ **kg/lbs**
Cylinder: _____ **Litres**

DIVE SHOP STAMP

☐ **Steel**   ☐ **Aluminium**

☐ **Fresh**   ☐ **Salt**   ☐ **Shore**   ☐ **Boat**   ☐ **Drift**   ☐ **Right**   ☐ **Training**

Dive Comments:
_____
_____
_____
_____
_____

BOTTOM TIME TO DATE: _____	**Verification Signature:**
Time Of This Dive: _____	_____
	☐ **Instructor** ☐ **Divemaster** ☐ **Buddy**
Cumulative Dive Time: _____	**Certification No:** _____

Dive Number: _____

Date: _____

Location: _____

Ocean: _____

| SI | PG | | PG |

☐ Computer Dive

BOTTOM TIME
_____
DEPTH

TIME IN:	TIME OUT:

Bar / psi START	Bar / psi END

RNT_____
ABT _____
TBT _____

VISIBILITY:
_____

TEMP: Air ____ Surface ____ Bottom ____

GEAR USED
BCD: _____
Wetsuit: _____
Fins: _____
Weights: _____ **kg/lbs**
Cylinder: _____ **Litres**

DIVE SHOP STAMP

☐ **Steel**   ☐ **Aluminium**

☐ **Fresh**   ☐ **Salt**   ☐ **Shore**   ☐ **Boat**   ☐ **Drift**   ☐ **Right**   ☐ **Training**

Dive Comments:

_____

_____

_____

_____

_____

BOTTOM TIME TO DATE: _____	**Verification Signature:**
Time Of This Dive: _____	_____
Cumulative Dive Time: _____	☐ **Instructor** ☐ **Divemaster** ☐ **Buddy** **Certification No:** _____

Dive Number: _____
Date: _____
Location: _____
Ocean: _____

TIME IN:	TIME OUT:

Bar / psi START	Bar / psi END

SI | PG | PG

☐ Computer Dive

BOTTOM TIME
_____
DEPTH

RNT_____
ABT _____
TBT _____

VISIBILITY:
_____

TEMP: Air ____ Surface ____ Bottom ____

GEAR USED
BCD: _____
Wetsuit: _____
Fins: _____
Weights: _____ **kg/lbs**
Cylinder: _____ **Litres**

DIVE SHOP STAMP

☐ **Steel**   ☐ **Aluminium**
☐ **Fresh**   ☐ **Salt**   ☐ **Shore**   ☐ **Boat**   ☐ **Drift**   ☐ **Right**   ☐ **Training**
Dive Comments:
_____
_____
_____
_____
_____

BOTTOM TIME TO DATE: _____	**Verification Signature:**
Time Of This Dive: _____	_____
	☐ **Instructor** ☐ **Divemaster** ☐ **Buddy**
Cumulative Dive Time: _____	**Certification No:** _____

Dive Number: _____

Date: _____

Location: _____

Ocean: _____

TIME IN:	TIME OUT:
Bar / psi **START**	**Bar / psi** **END**

SI	PG		PG

☐ Computer Dive

BOTTOM TIME
_____
DEPTH

RNT_____
ABT _____
TBT _____

VISIBILITY:
_____

TEMP: Air ____ Surface ____ Bottom ____

GEAR USED
BCD: _____
Wetsuit: _____
Fins: _____
Weights: _____ **kg/lbs**
Cylinder: _____ **Litres**

DIVE SHOP STAMP

☐ **Steel**   ☐ **Aluminium**

☐ **Fresh**   ☐ **Salt**   ☐ **Shore**   ☐ **Boat**   ☐ **Drift**   ☐ **Right**   ☐ **Training**

Dive Comments:

_____

_____

_____

_____

_____

BOTTOM TIME TO DATE: _____	**Verification Signature:**
Time Of This Dive: _____	_____
Cumulative Dive Time: _____	☐ **Instructor** ☐ **Divemaster** ☐ **Buddy** **Certification No:** _____

Dive Number: _____

Date: _____

Location: _____

Ocean: _____

TIME IN:	TIME OUT:

Bar / psi START	Bar / psi END

SI	PG		PG

☐ Computer Dive

BOTTOM TIME

DEPTH

RNT_____
ABT _____
TBT _____

VISIBILITY:
_____

TEMP: Air ____ Surface ____ Bottom ____

DIVE SHOP STAMP

GEAR USED
BCD: _____
Wetsuit: _____
Fins: _____
Weights: _____ **kg/lbs**
Cylinder: _____ **Litres**

☐ **Steel**   ☐ **Aluminium**

☐ **Fresh**   ☐ **Salt**   ☐ **Shore**   ☐ **Boat**   ☐ **Drift**   ☐ **Right**   ☐ **Training**

Dive Comments:

_____
_____
_____
_____
_____

BOTTOM TIME TO DATE: _____

Time Of This Dive: _____

Cumulative Dive Time: _____

Verification Signature:

_____

☐ **Instructor** ☐ **Divemaster** ☐ **Buddy**

Certification No: _____

Dive Number: _____
Date: _____
Location: _____
Ocean: _____

TIME IN:	TIME OUT:
Bar / psi START	Bar / psi END

SI | PG | PG

☐ Computer Dive

BOTTOM TIME
_____
DEPTH

RNT _____
ABT _____
TBT _____

VISIBILITY:
_____

TEMP: Air _____ Surface _____ Bottom _____

GEAR USED
BCD: _____
Wetsuit: _____
Fins: _____
Weights: _____ **kg/lbs**
Cylinder: _____ **Litres**

DIVE SHOP STAMP

☐ **Steel**　☐ **Aluminium**

☐ **Fresh**　☐ **Salt**　☐ **Shore**　☐ **Boat**　☐ **Drift**　☐ **Right**　☐ **Training**

Dive Comments:

_____
_____
_____
_____
_____

BOTTOM TIME TO DATE: _____	**Verification Signature:** _____
Time Of This Dive: _____	☐ **Instructor** ☐ **Divemaster** ☐ **Buddy**
Cumulative Dive Time: _____	**Certification No:** _____

Dive Number: _____

Date: _____

Location: _____

Ocean: _____

TIME IN:	TIME OUT:

SI	PG		PG

☐ Computer Dive

BOTTOM TIME

DEPTH

Bar / psi START	Bar / psi END

RNT_____
ABT _____
TBT _____

VISIBILITY:
_____

TEMP: Air ____ Surface ____ Bottom ____

GEAR USED
BCD: _____
Wetsuit: _____
Fins: _____
Weights: _____ **kg/lbs**
Cylinder: _____ **Litres**

DIVE SHOP STAMP

☐ **Steel**   ☐ **Aluminium**

☐ **Fresh**   ☐ **Salt**   ☐ **Shore**   ☐ **Boat**   ☐ **Drift**   ☐ **Right**   ☐ **Training**

Dive Comments:
_____
_____
_____
_____
_____

BOTTOM TIME TO DATE: _____	**Verification Signature:**
Time Of This Dive: _____	_____
	☐ **Instructor** ☐ **Divemaster** ☐ **Buddy**
Cumulative Dive Time: _____	**Certification No:** _____

Dive Number: _____

Date: _____

Location: _____

Ocean: _____

| SI | PG | | PG |

☐ Computer Dive

BOTTOM TIME
_____

DEPTH

TIME IN:	TIME OUT:

Bar / psi START	Bar / psi END

RNT _____
ABT _____
TBT _____

VISIBILITY:
_____

TEMP: Air ____ Surface ____ Bottom ____

GEAR USED
BCD: _____
Wetsuit: _____
Fins: _____
Weights: _____ kg/lbs
Cylinder: _____ Litres

DIVE SHOP STAMP

☐ Steel   ☐ Aluminium

☐ Fresh   ☐ Salt   ☐ Shore   ☐ Boat   ☐ Drift   ☐ Right   ☐ Training

Dive Comments:

_____
_____
_____
_____
_____

BOTTOM TIME TO DATE: _____	**Verification Signature:** _____
Time Of This Dive: _____	☐ Instructor ☐ Divemaster ☐ Buddy
Cumulative Dive Time: _____	Certification No: _____

Dive Number: _____

Date: _____

Location: _____

Ocean: _____

TIME IN:	TIME OUT:

Bar / psi START	Bar / psi END

SI	PG		PG

☐ Computer Dive

BOTTOM TIME

DEPTH

RNT_____
ABT _____
TBT _____

VISIBILITY:

_____

TEMP: Air _____ Surface _____ Bottom _____

GEAR USED
BCD: _____
Wetsuit: _____
Fins: _____
Weights: _____ **kg/lbs**
Cylinder: _____ **Litres**

DIVE SHOP STAMP

☐ **Steel**   ☐ **Aluminium**

☐ **Fresh**   ☐ **Salt**   ☐ **Shore**   ☐ **Boat**   ☐ **Drift**   ☐ **Right**   ☐ **Training**

Dive Comments:

_____
_____
_____
_____
_____

BOTTOM TIME TO DATE: _____	**Verification Signature:**
Time Of This Dive: _____	_____
	☐ **Instructor** ☐ **Divemaster** ☐ **Buddy**
Cumulative Dive Time: _____	**Certification No:** _____

Dive Number: _____
Date: _____
Location: _____
Ocean: _____

TIME IN:	TIME OUT:

Bar / psi START	Bar / psi END

SI	PG		PG

☐ Computer Dive

BOTTOM TIME
_____
DEPTH

RNT_____
ABT _____
TBT _____

VISIBILITY:
_____

TEMP: Air ____ Surface ____ Bottom ____

GEAR USED
BCD: _____
Wetsuit: _____
Fins: _____
Weights: _____ **kg/lbs**
Cylinder: _____ **Litres**

DIVE SHOP STAMP

☐ **Steel**   ☐ **Aluminium**
☐ **Fresh**   ☐ **Salt**   ☐ **Shore**   ☐ **Boat**   ☐ **Drift**   ☐ **Right**   ☐ **Training**

Dive Comments:
_____
_____
_____
_____
_____

BOTTOM TIME TO DATE: _____

Time Of This Dive: _____

Cumulative Dive Time: _____

Verification Signature:

_____

☐ **Instructor** ☐ **Divemaster** ☐ **Buddy**

Certification No: _____

Dive Number: _____

Date: _____

Location: _____

Ocean: _____

| SI | PG | | PG |

Computer
Dive

BOTTOM TIME

DEPTH

TIME IN:	TIME OUT:
Bar / psi START	Bar / psi END

RNT_____
ABT _____
TBT _____

VISIBILITY:
_____

TEMP: Air _____ Surface _____ Bottom _____

GEAR USED

BCD: _____

Wetsuit: _____

Fins: _____

Weights: _____ **kg/lbs**

Cylinder: _____ **Litres**

DIVE SHOP STAMP

□ **Steel**　□ **Aluminium**

□ **Fresh**　□ **Salt**　□ **Shore**　□ **Boat**　□ **Drift**　□ **Right**　□ **Training**

Dive Comments:

_____

_____

_____

_____

_____

BOTTOM TIME TO DATE: _____ Time Of This Dive: _____ Cumulative Dive Time: _____	**Verification Signature:** _____ □ **Instructor** □ **Divemaster** □ **Buddy** **Certification No:** _____

Dive Number: _____
Date: _____
Location: _____
Ocean: _____

TIME IN:	TIME OUT:

Bar / psi START	Bar / psi END

SI	PG		PG

☐ Computer Dive

BOTTOM TIME
_____
DEPTH

RNT_____
ABT _____
TBT _____

VISIBILITY:
_____

TEMP: Air _____ Surface _____ Bottom _____

GEAR USED
BCD: _____
Wetsuit: _____
Fins: _____
Weights: _____ kg/lbs
Cylinder: _____ Litres

DIVE SHOP STAMP

☐ **Steel**   ☐ **Aluminium**
☐ **Fresh**   ☐ **Salt**   ☐ **Shore**   ☐ **Boat**   ☐ **Drift**   ☐ **Right**   ☐ **Training**
Dive Comments:

_____
_____
_____
_____
_____

BOTTOM TIME TO DATE: _____

Time Of This Dive: _____

Cumulative Dive Time: _____

Verification Signature:

_____

☐ **Instructor** ☐ **Divemaster** ☐ **Buddy**

Certification No: _____

Dive Number: _____

Date: _____

Location: _____

Ocean: _____

| SI | PG | | PG |

☐ Computer Dive

BOTTOM TIME
_____
DEPTH

TIME IN:	TIME OUT:
Bar / psi START	Bar / psi END

RNT_____
ABT _____
TBT _____

VISIBILITY:
_____

TEMP: Air _____ Surface _____ Bottom _____

GEAR USED
BCD: _____
Wetsuit: _____
Fins: _____
Weights: _____ **kg/lbs**
Cylinder: _____ **Litres**

DIVE SHOP STAMP

☐ **Steel**   ☐ **Aluminium**

☐ **Fresh**   ☐ **Salt**   ☐ **Shore**   ☐ **Boat**   ☐ **Drift**   ☐ **Right**   ☐ **Training**

Dive Comments:

_____

_____

_____

_____

_____

BOTTOM TIME TO DATE: _____	**Verification Signature:**
Time Of This Dive: _____	_____
	☐ **Instructor** ☐ **Divemaster** ☐ **Buddy**
Cumulative Dive Time: _____	**Certification No:** _____

Dive Number: _____
Date: _____
Location: _____
Ocean: _____

SI	PG		PG

☐ Computer Dive

BOTTOM TIME
_____
DEPTH

TIME IN:	TIME OUT:

Bar / psi START	Bar / psi END

RNT _____
ABT _____
TBT _____

VISIBILITY:
_____

TEMP: Air ____ Surface ____ Bottom ____

GEAR USED
BCD: _____
Wetsuit: _____
Fins: _____
Weights: _____ **kg/lbs**
Cylinder: _____ **Litres**

DIVE SHOP STAMP

☐ **Steel**   ☐ **Aluminium**

☐ **Fresh**   ☐ **Salt**   ☐ **Shore**   ☐ **Boat**   ☐ **Drift**   ☐ **Right**   ☐ **Training**

Dive Comments:
_____
_____
_____
_____
_____

BOTTOM TIME TO DATE: _____	Verification Signature:
Time Of This Dive: _____	_____
Cumulative Dive Time: _____	☐ Instructor ☐ Divemaster ☐ Buddy
	Certification No: _____

Dive Number: _____
Date: _____
Location: _____
Ocean: _____

TIME IN:	TIME OUT:

Bar / psi START	Bar / psi END

SI	PG		PG

☐ Computer Dive

BOTTOM TIME

DEPTH

RNT_____
ABT _____
TBT _____

VISIBILITY:
_____

TEMP: Air _____ Surface _____ Bottom _____

GEAR USED
BCD: _____
Wetsuit: _____
Fins: _____
Weights: _____ **kg/lbs**
Cylinder: _____ **Litres**

DIVE SHOP STAMP

☐ **Steel**   ☐ **Aluminium**

☐ **Fresh**   ☐ **Salt**   ☐ **Shore**   ☐ **Boat**   ☐ **Drift**   ☐ **Right**   ☐ **Training**

Dive Comments:

_____
_____
_____
_____
_____

BOTTOM TIME TO DATE: _____

Time Of This Dive: _____

Cumulative Dive Time: _____

Verification Signature:

_____

☐ **Instructor** ☐ **Divemaster** ☐ **Buddy**

Certification No: _____

Dive Number: _____

Date: _____

Location: _____

Ocean: _____

| SI | PG | | | PG |

☐ Computer Dive

BOTTOM TIME _____

DEPTH

TIME IN:	TIME OUT:

Bar / psi START	Bar / psi END

RNT _____
ABT _____
TBT _____

VISIBILITY:
_____

TEMP: Air _____ Surface _____ Bottom _____

GEAR USED
BCD: _____
Wetsuit: _____
Fins: _____
Weights: _____ **kg/lbs**
Cylinder: _____ **Litres**

DIVE SHOP STAMP

☐ **Steel**   ☐ **Aluminium**

☐ **Fresh**   ☐ **Salt**   ☐ **Shore**   ☐ **Boat**   ☐ **Drift**   ☐ **Right**   ☐ **Training**

Dive Comments:
_____
_____
_____
_____
_____

BOTTOM TIME TO DATE: _____	**Verification Signature:**
Time Of This Dive: _____	_____
	☐ **Instructor** ☐ **Divemaster** ☐ **Buddy**
Cumulative Dive Time: _____	**Certification No:** _____

Dive Number: _____

Date: _____

Location: _____

Ocean: _____

TIME IN:	TIME OUT:

Bar / psi START	Bar / psi END

SI	PG		PG

☐ Computer Dive

BOTTOM TIME _____

DEPTH _____

RNT_____
ABT _____
TBT _____

VISIBILITY: _____

TEMP: Air ____ Surface ____ Bottom ____

GEAR USED
BCD: _____
Wetsuit: _____
Fins: _____
Weights: _____ **kg/lbs**
Cylinder: _____ **Litres**

DIVE SHOP STAMP

☐ **Steel** ☐ **Aluminium**

☐ **Fresh** ☐ **Salt** ☐ **Shore** ☐ **Boat** ☐ **Drift** ☐ **Right** ☐ **Training**

Dive Comments:

_____
_____
_____
_____
_____

BOTTOM TIME TO DATE: _____	**Verification Signature:**
Time Of This Dive: _____	_____
	☐ **Instructor** ☐ **Divemaster** ☐ **Buddy**
Cumulative Dive Time: _____	**Certification No:** _____

Dive Number: _____
Date: _____
Location: _____
Ocean: _____

SI	PG		PG

☐ Computer Dive

BOTTOM TIME
_____
DEPTH

TIME IN:	TIME OUT:
Bar / psi START	Bar / psi END

RNT_____
ABT _____
TBT _____

VISIBILITY:
_____

TEMP: Air _____ Surface _____ Bottom _____

GEAR USED
BCD: _____
Wetsuit: _____
Fins: _____
Weights: _____ **kg/lbs**
Cylinder: _____ **Litres**

DIVE SHOP STAMP

☐ **Steel**   ☐ **Aluminium**
☐ **Fresh**   ☐ **Salt**   ☐ **Shore**   ☐ **Boat**   ☐ **Drift**   ☐ **Right**   ☐ **Training**
Dive Comments:

_____
_____
_____
_____
_____

BOTTOM TIME TO DATE: _____	**Verification Signature:**
Time Of This Dive: _____	_____
Cumulative Dive Time: _____	☐ **Instructor** ☐ **Divemaster** ☐ **Buddy** **Certification No:** _____

Dive Number: _____

Date: _____

Location: _____

Ocean: _____

| SI | PG | | PG |

Computer Dive

BOTTOM TIME
_____
DEPTH

TIME IN:	TIME OUT:

Bar / psi START	Bar / psi END

RNT_____
ABT _____
TBT _____

VISIBILITY:
_____

TEMP: Air _____ Surface _____ Bottom _____

GEAR USED
BCD: _____
Wetsuit: _____
Fins: _____
Weights: _____ kg/lbs
Cylinder: _____ Litres

DIVE SHOP STAMP

□ **Steel** □ **Aluminium**

□ **Fresh** □ **Salt** □ **Shore** □ **Boat** □ **Drift** □ **Right** □ **Training**

Dive Comments:

_____

_____

_____

_____

_____

BOTTOM TIME TO DATE: _____	**Verification Signature:**
Time Of This Dive: _____	_____
Cumulative Dive Time: _____	□ **Instructor** □ **Divemaster** □ **Buddy** **Certification No: _____**

Dive Number: _____
Date: _____
Location: _____
Ocean: _____

TIME IN:	TIME OUT:

Bar / psi START	Bar / psi END

SI	PG		PG

☐ Computer Dive

BOTTOM TIME
_____

DEPTH

RNT_____ ABT _____ TBT _____	VISIBILITY: _____

TEMP: Air _____ Surface _____ Bottom _____

DIVE SHOP STAMP

GEAR USED
BCD: _____
Wetsuit: _____
Fins: _____
Weights: _____ **kg/lbs**
Cylinder: _____ **Litres**

☐ **Steel**   ☐ **Aluminium**

☐ **Fresh**   ☐ **Salt**   ☐ **Shore**   ☐ **Boat**   ☐ **Drift**   ☐ **Right**   ☐ **Training**

Dive Comments:
_____
_____
_____
_____
_____

BOTTOM TIME TO DATE: _____ Time Of This Dive: _____ Cumulative Dive Time: _____	**Verification Signature:** _____ ☐ **Instructor** ☐ **Divemaster** ☐ **Buddy** Certification No: _____

Dive Number: _____

Date: _____

Location: _____

Ocean: _____

TIME IN:	TIME OUT:

Bar / psi START	Bar / psi END

SI | PG | PG

☐ Computer Dive

BOTTOM TIME

DEPTH

RNT_____
ABT _____
TBT _____

VISIBILITY:
_____

TEMP: Air _____ Surface _____ Bottom _____

GEAR USED
BCD: _____
Wetsuit: _____
Fins: _____
Weights: _____ **kg/lbs**
Cylinder: _____ **Litres**

DIVE SHOP STAMP

☐ **Steel**   ☐ **Aluminium**

☐ **Fresh**   ☐ **Salt**   ☐ **Shore**   ☐ **Boat**   ☐ **Drift**   ☐ **Right**   ☐ **Training**

Dive Comments:

_____
_____
_____
_____
_____

BOTTOM TIME TO DATE:	_____	Verification Signature:
Time Of This Dive:	_____	_____
		☐ Instructor ☐ Divemaster ☐ Buddy
Cumulative Dive Time:	_____	Certification No: _____

Dive Number: _____

Date: _____

Location: _____

Ocean: _____

TIME IN:	TIME OUT:

Bar / psi START	Bar / psi END

SI	PG		PG

☐ Computer Dive

BOTTOM TIME
_____
DEPTH

RNT_____
ABT _____
TBT _____

VISIBILITY:
_____

TEMP: Air ____ Surface ____ Bottom ____

GEAR USED
BCD: _____
Wetsuit: _____
Fins: _____
Weights: _____ **kg/lbs**
Cylinder: _____ **Litres**

DIVE SHOP STAMP

☐ **Steel**   ☐ **Aluminium**

☐ **Fresh**   ☐ **Salt**   ☐ **Shore**   ☐ **Boat**   ☐ **Drift**   ☐ **Right**   ☐ **Training**

Dive Comments:

_____
_____
_____
_____
_____

BOTTOM TIME TO DATE: _____	**Verification Signature:**
Time Of This Dive: _____	_____
Cumulative Dive Time: _____	☐ **Instructor** ☐ **Divemaster** ☐ **Buddy** Certification No: _____

Dive Number: _____

Date: _____

Location: _____

Ocean: _____

SI	PG		PG

☐ Computer Dive

BOTTOM TIME
_____

DEPTH

TIME IN:	TIME OUT:
Bar / psi START	Bar / psi END

RNT_____
ABT _____
TBT _____

VISIBILITY:
_____

TEMP: Air _____ Surface _____ Bottom _____

GEAR USED
BCD: _____
Wetsuit: _____
Fins: _____
Weights: _____ **kg/lbs**
Cylinder: _____ **Litres**

DIVE SHOP STAMP

☐ **Steel**   ☐ **Aluminium**

☐ **Fresh**   ☐ **Salt**   ☐ **Shore**   ☐ **Boat**   ☐ **Drift**   ☐ **Right**   ☐ **Training**

Dive Comments:

_____

_____

_____

_____

_____

BOTTOM TIME TO DATE: _____	**Verification Signature:**
Time Of This Dive: _____	_____
	☐ **Instructor** ☐ **Divemaster** ☐ **Buddy**
Cumulative Dive Time: _____	**Certification No:** _____

Dive Number: _____

Date: _____

Location: _____

Ocean: _____

SI	PG		PG

Computer Dive

BOTTOM TIME

DEPTH

TIME IN:	TIME OUT:

Bar / psi START	Bar / psi END

RNT_____
ABT _____
TBT _____

VISIBILITY:
_____

TEMP: Air _____ Surface _____ Bottom _____

DIVE SHOP STAMP

GEAR USED
BCD: _____
Wetsuit: _____
Fins: _____
Weights: _____ **kg/lbs**
Cylinder: _____ **Litres**

□ **Steel**   □ **Aluminium**

□ **Fresh**   □ **Salt**   □ **Shore**   □ **Boat**   □ **Drift**   □ **Right**   □ **Training**

Dive Comments:

_____

_____

_____

_____

_____

BOTTOM TIME TO DATE: _____	**Verification Signature:** _____
Time Of This Dive: _____	□ **Instructor** □ **Divemaster** □ **Buddy**
Cumulative Dive Time: _____	**Certification No:** _____

Dive Number: _____

Date: _____

Location: _____

Ocean: _____

TIME IN:	TIME OUT:

Bar / psi START	Bar / psi END

SI	PG		PG

☐ Computer Dive

BOTTOM TIME
_____

DEPTH

RNT_____
ABT _____
TBT _____

VISIBILITY:
_____

TEMP: Air _____ Surface _____ Bottom _____

GEAR USED
BCD: _____
Wetsuit: _____
Fins: _____
Weights: _____ **kg/lbs**
Cylinder: _____ **Litres**

DIVE SHOP STAMP

☐ **Steel**   ☐ **Aluminium**

☐ **Fresh** ☐ **Salt** ☐ **Shore** ☐ **Boat** ☐ **Drift** ☐ **Right** ☐ **Training**

Dive Comments:

_____
_____
_____
_____
_____

BOTTOM TIME TO DATE: _____	**Verification Signature:**
Time Of This Dive: _____	_____
Cumulative Dive Time: _____	☐ **Instructor** ☐ **Divemaster** ☐ **Buddy** Certification No: _____

Dive Number: _____

Date: _____

Location: _____

Ocean: _____

TIME IN:	TIME OUT:

Bar / psi START	Bar / psi END

SI	PG		PG

☐ Computer Dive

BOTTOM TIME _____

DEPTH

RNT_____
ABT _____
TBT _____

VISIBILITY: _____

TEMP: Air ____ Surface ____ Bottom ____

GEAR USED
BCD: _____
Wetsuit: _____
Fins: _____
Weights: _____ **kg/lbs**
Cylinder: _____ **Litres**

DIVE SHOP STAMP

☐ **Steel**　☐ **Aluminium**

☐ **Fresh**　☐ **Salt**　☐ **Shore**　☐ **Boat**　☐ **Drift**　☐ **Right**　☐ **Training**

Dive Comments:

_____
_____
_____
_____
_____

BOTTOM TIME TO DATE: _____	**Verification Signature:**
Time Of This Dive: _____	_____
	☐ **Instructor** ☐ **Divemaster** ☐ **Buddy**
Cumulative Dive Time: _____	**Certification No:** _____

Dive Number: _____

Date: _____

Location: _____

Ocean: _____

TIME IN:	TIME OUT:

SI	PG		PG

☐ Computer Dive

BOTTOM TIME
_____

DEPTH

Bar / psi START	Bar / psi END

RNT_____
ABT _____
TBT _____

VISIBILITY:
_____

TEMP: Air _____ Surface _____ Bottom _____

GEAR USED
BCD: _____

Wetsuit: _____

Fins: _____

Weights: _____ **kg/lbs**

Cylinder: _____ **Litres**

DIVE SHOP STAMP

☐ **Steel** ☐ **Aluminium**

☐ **Fresh** ☐ **Salt** ☐ **Shore** ☐ **Boat** ☐ **Drift** ☐ **Right** ☐ **Training**

Dive Comments:

_____

_____

_____

_____

_____

BOTTOM TIME TO DATE: _____	**Verification Signature:**
Time Of This Dive: _____	_____
	☐ **Instructor** ☐ **Divemaster** ☐ **Buddy**
Cumulative Dive Time: _____	**Certification No:** _____

Dive Number: _____

Date: _____

Location: _____

Ocean: _____

SI	PG		PG

□ Computer Dive

BOTTOM TIME
_____
DEPTH

TIME IN:	TIME OUT:
Bar / psi START	Bar / psi END

RNT_____
ABT _____
TBT _____

VISIBILITY:
_____

TEMP: Air _____ Surface _____ Bottom _____

GEAR USED
BCD: _____
Wetsuit: _____
Fins: _____
Weights: _____ **kg/lbs**
Cylinder: _____ **Litres**

DIVE SHOP STAMP

□ **Steel**   □ **Aluminium**

□ **Fresh**   □ **Salt**   □ **Shore**   □ **Boat**   □ **Drift**   □ **Right**   □ **Training**

Dive Comments:

_____

_____

_____

_____

_____

BOTTOM TIME TO DATE: _____	**Verification Signature:**
Time Of This Dive: _____	_____
	□ **Instructor** □ **Divemaster** □ **Buddy**
Cumulative Dive Time: _____	**Certification No:** _____

Dive Number: _____
Date: _____
Location: _____
Ocean: _____

TIME IN:	TIME OUT:

Bar / psi START	Bar / psi END

| SI | PG | | PG |

☐ Computer Dive

BOTTOM TIME
_____
DEPTH

RNT _____
ABT _____
TBT _____

VISIBILITY:
_____

TEMP: Air ____ Surface ____ Bottom ____

GEAR USED
BCD: _____
Wetsuit: _____
Fins: _____
Weights: _____ **kg/lbs**
Cylinder: _____ **Litres**

DIVE SHOP STAMP

☐ **Steel**   ☐ **Aluminium**

☐ **Fresh**   ☐ **Salt**   ☐ **Shore**   ☐ **Boat**   ☐ **Drift**   ☐ **Right**   ☐ **Training**

Dive Comments:
_____
_____
_____
_____
_____

BOTTOM TIME TO DATE: _____

Time Of This Dive: _____

Cumulative Dive Time: _____

Verification Signature:
_____

☐ **Instructor** ☐ **Divemaster** ☐ **Buddy**

Certification No: _____

Dive Number: _____

Date: _____

Location: _____

Ocean: _____

TIME IN:	TIME OUT:
Bar / psi START	Bar / psi END

SI	PG		PG

☐ Computer Dive

BOTTOM TIME

DEPTH

RNT _____
ABT _____
TBT _____

VISIBILITY:
_____

TEMP: Air _____ Surface _____ Bottom _____

GEAR USED
BCD: _____
Wetsuit: _____
Fins: _____
Weights: _____ **kg/lbs**
Cylinder: _____ **Litres**

DIVE SHOP STAMP

☐ **Steel**   ☐ **Aluminium**

☐ **Fresh**   ☐ **Salt**   ☐ **Shore**   ☐ **Boat**   ☐ **Drift**   ☐ **Right**   ☐ **Training**

Dive Comments:

_____
_____
_____
_____
_____

BOTTOM TIME TO DATE: _____	**Verification Signature:** _____
Time Of This Dive: _____	☐ **Instructor** ☐ **Divemaster** ☐ **Buddy**
Cumulative Dive Time: _____	**Certification No:** _____

Dive Number: _____
Date: _____
Location: _____
Ocean: _____

TIME IN:	TIME OUT:

Bar / psi START	Bar / psi END

SI	PG		PG

☐ Computer Dive

BOTTOM TIME
_____

DEPTH

RNT_____
ABT _____
TBT _____

VISIBILITY:
_____

TEMP: Air _____ Surface _____ Bottom _____

GEAR USED
BCD: _____
Wetsuit: _____
Fins: _____
Weights: _____ **kg/lbs**
Cylinder: _____ **Litres**

DIVE SHOP STAMP

☐ **Steel**   ☐ **Aluminium**

☐ **Fresh**   ☐ **Salt**   ☐ **Shore**   ☐ **Boat**   ☐ **Drift**   ☐ **Right**   ☐ **Training**

Dive Comments:

_____
_____
_____
_____
_____

BOTTOM TIME TO DATE: _____	**Verification Signature:**
Time Of This Dive: _____	_____
	☐ **Instructor** ☐ **Divemaster** ☐ **Buddy**
Cumulative Dive Time: _____	**Certification No:** _____

Dive Number: _____
Date: _____
Location: _____
Ocean: _____

SI	PG		PG

☐ Computer Dive

BOTTOM TIME
_____
DEPTH

TIME IN:	TIME OUT:
Bar / psi START	Bar / psi END

RNT _____
ABT _____
TBT _____

VISIBILITY:
_____

TEMP: Air ____ Surface ____ Bottom ____

GEAR USED
BCD: _____
Wetsuit: _____
Fins: _____
Weights: _____ **kg/lbs**
Cylinder: _____ **Litres**

DIVE SHOP STAMP

☐ **Steel** ☐ **Aluminium**
☐ **Fresh** ☐ **Salt** ☐ **Shore** ☐ **Boat** ☐ **Drift** ☐ **Right** ☐ **Training**
Dive Comments:
_____
_____
_____
_____
_____

BOTTOM TIME TO DATE: _____	**Verification Signature:**
Time Of This Dive: _____	_____
Cumulative Dive Time: _____	☐ **Instructor** ☐ **Divemaster** ☐ **Buddy**
	Certification No: _____

Dive Number: _____

Date: _____

Location: _____

Ocean: _____

| SI | PG | | PG |

☐ Computer Dive

BOTTOM TIME

DEPTH

TIME IN:	TIME OUT:
Bar / psi START	Bar / psi END

RNT_____
ABT _____
TBT _____

VISIBILITY:
_____

TEMP: Air ____ Surface ____ Bottom ____

DIVE SHOP STAMP

GEAR USED
BCD: _____
Wetsuit: _____
Fins: _____
Weights: _____ **kg/lbs**
Cylinder: _____ **Litres**

☐ **Steel**   ☐ **Aluminium**

☐ **Fresh**   ☐ **Salt**   ☐ **Shore**   ☐ **Boat**   ☐ **Drift**   ☐ **Right**   ☐ **Training**

Dive Comments:

_____
_____
_____
_____
_____

BOTTOM TIME TO DATE: _____

Time Of This Dive: _____

Cumulative Dive Time: _____

Verification Signature:

_____

☐ **Instructor** ☐ **Divemaster** ☐ **Buddy**

Certification No: _____

Dive Number: _____

Date: _____

Location: _____

Ocean: _____

SI	PG		PG

☐ Computer Dive

BOTTOM TIME
_____
DEPTH

TIME IN:	TIME OUT:
Bar / psi START	Bar / psi END

RNT_____
ABT _____
TBT _____

VISIBILITY:
_____

TEMP: Air _____ Surface _____ Bottom _____

GEAR USED
BCD: _____
Wetsuit: _____
Fins: _____
Weights: _____ **kg/lbs**
Cylinder: _____ **Litres**

DIVE SHOP STAMP

☐ **Steel**   ☐ **Aluminium**

☐ **Fresh**   ☐ **Salt**   ☐ **Shore**   ☐ **Boat**   ☐ **Drift**   ☐ **Right**   ☐ **Training**

Dive Comments:

_____

_____

_____

_____

_____

BOTTOM TIME TO DATE: _____	**Verification Signature:**
Time Of This Dive: _____	_____
	☐ **Instructor** ☐ **Divemaster** ☐ **Buddy**
Cumulative Dive Time: _____	**Certification No:** _____

Dive Number: _____

Date: _____

Location: _____

Ocean: _____

TIME IN:	TIME OUT:

Bar / psi START	Bar / psi END

SI | PG | PG

☐ Computer Dive

BOTTOM TIME
_____

DEPTH

RNT_____
ABT _____
TBT _____

VISIBILITY:
_____

TEMP: Air _____ Surface _____ Bottom _____

DIVE SHOP STAMP

GEAR USED
BCD: _____
Wetsuit: _____
Fins: _____
Weights: _____ kg/lbs
Cylinder: _____ Litres

☐ **Steel**   ☐ **Aluminium**

☐ **Fresh**   ☐ **Salt**   ☐ **Shore**   ☐ **Boat**   ☐ **Drift**   ☐ **Right**   ☐ **Training**

Dive Comments:
_____
_____
_____
_____
_____

BOTTOM TIME TO DATE: _____

Time Of This Dive: _____

Cumulative Dive Time: _____

Verification Signature:

_____

☐ **Instructor** ☐ **Divemaster** ☐ **Buddy**

Certification No: _____

Dive Number: _____

Date: _____

Location: _____

Ocean: _____

TIME IN:	TIME OUT:

Bar / psi START	Bar / psi END

SI	PG		PG

☐ Computer Dive

BOTTOM TIME

DEPTH

RNT_____
ABT _____
TBT _____

VISIBILITY:
_____

TEMP: Air _____ Surface _____ Bottom _____

GEAR USED
BCD: _____
Wetsuit: _____
Fins: _____
Weights: _____ **kg/lbs**
Cylinder: _____ **Litres**

DIVE SHOP STAMP

☐ **Steel**   ☐ **Aluminium**

☐ **Fresh**   ☐ **Salt**   ☐ **Shore**   ☐ **Boat**   ☐ **Drift**   ☐ **Right**   ☐ **Training**

Dive Comments:

_____

_____

_____

_____

_____

BOTTOM TIME TO DATE: _____	Verification Signature:
Time Of This Dive: _____	_____
	☐ Instructor ☐ Divemaster ☐ Buddy
Cumulative Dive Time: _____	Certification No: _____

Dive Number: _____

Date: _____

Location: _____

Ocean: _____

TIME IN:	TIME OUT:

Bar / psi START	Bar / psi END

SI	PG		PG

☐ Computer Dive

BOTTOM TIME

DEPTH

RNT_____
ABT _____
TBT _____

VISIBILITY:
_____

TEMP: Air ____ Surface ____ Bottom ____

DIVE SHOP STAMP

GEAR USED
BCD: _____
Wetsuit: _____
Fins: _____
Weights: _____ **kg/lbs**
Cylinder: _____ **Litres**

☐ **Steel**   ☐ **Aluminium**
☐ **Fresh**   ☐ **Salt**   ☐ **Shore**   ☐ **Boat**   ☐ **Drift**   ☐ **Right**   ☐ **Training**
Dive Comments:

_____

_____

_____

_____

_____

BOTTOM TIME TO DATE: _____	Verification Signature:
Time Of This Dive: _____	_____
	☐ Instructor ☐ Divemaster ☐ Buddy
Cumulative Dive Time: _____	Certification No: _____

Dive Number: _____

Date: _____

Location: _____

Ocean: _____

TIME IN:	TIME OUT:

Bar / psi START	Bar / psi END

SI	PG		PG

☐ Computer Dive

BOTTOM TIME
_____
DEPTH

RNT_____
ABT _____
TBT _____

VISIBILITY:
_____

TEMP: Air ____ Surface ____ Bottom ____

GEAR USED
BCD: _____
Wetsuit: _____
Fins: _____
Weights: _____ **kg/lbs**
Cylinder: _____ **Litres**

DIVE SHOP STAMP

☐ **Steel**   ☐ **Aluminium**

☐ **Fresh**   ☐ **Salt**   ☐ **Shore**   ☐ **Boat**   ☐ **Drift**   ☐ **Right**   ☐ **Training**

Dive Comments:

_____
_____
_____
_____
_____

BOTTOM TIME TO DATE: _____	**Verification Signature:**
Time Of This Dive: _____	_____
	☐ **Instructor** ☐ **Divemaster** ☐ **Buddy**
Cumulative Dive Time: _____	**Certification No:** _____

Dive Number: _____

Date: _____

Location: _____

Ocean: _____

TIME IN:	TIME OUT:

Bar / psi START	Bar / psi END

SI	PG		PG

☐ Computer Dive

BOTTOM TIME

DEPTH

RNT_____
ABT _____
TBT _____

VISIBILITY:

_____

TEMP: Air _____ Surface _____ Bottom _____

GEAR USED
BCD: _____
Wetsuit: _____
Fins: _____
Weights: _____ **kg/lbs**
Cylinder: _____ **Litres**

DIVE SHOP STAMP

☐ **Steel**   ☐ **Aluminium**

☐ **Fresh**   ☐ **Salt**   ☐ **Shore**   ☐ **Boat**   ☐ **Drift**   ☐ **Right**   ☐ **Training**

Dive Comments:

_____
_____
_____
_____
_____

BOTTOM TIME TO DATE: _____	**Verification Signature:**
Time Of This Dive: _____	_____
Cumulative Dive Time: _____	☐ **Instructor** ☐ **Divemaster** ☐ **Buddy** **Certification No:** _____

Dive Number: _____

Date: _____

Location: _____

Ocean: _____

| SI | PG | | PG |

☐ Computer Dive

BOTTOM TIME
_____

DEPTH

TIME IN:	TIME OUT:

Bar / psi START	Bar / psi END

RNT_____
ABT _____
TBT _____

VISIBILITY:
_____

TEMP: Air _____ Surface _____ Bottom _____

GEAR USED
BCD: _____

Wetsuit: _____

Fins: _____

Weights: _____ **kg/lbs**

Cylinder: _____ **Litres**

DIVE SHOP STAMP

☐ **Steel**   ☐ **Aluminium**

☐ **Fresh**   ☐ **Salt**   ☐ **Shore**   ☐ **Boat**   ☐ **Drift**   ☐ **Right**   ☐ **Training**

Dive Comments:

_____

_____

_____

_____

_____

BOTTOM TIME TO DATE: _____	**Verification Signature:** _____
Time Of This Dive: _____	☐ **Instructor** ☐ **Divemaster** ☐ **Buddy**
Cumulative Dive Time: _____	**Certification No:** _____

Dive Number: _____
Date: _____
Location: _____
Ocean: _____

TIME IN:	TIME OUT:
Bar / psi START	Bar / psi END

SI | PG | | PG

☐ Computer Dive

BOTTOM TIME
_____
DEPTH

RNT_____
ABT _____
TBT _____

VISIBILITY:
_____

TEMP: Air ____ Surface ____ Bottom ____

GEAR USED
BCD: _____
Wetsuit: _____
Fins: _____
Weights: _____ **kg/lbs**
Cylinder: _____ **Litres**

DIVE SHOP STAMP

☐ **Steel**   ☐ **Aluminium**
☐ **Fresh**   ☐ **Salt**   ☐ **Shore**   ☐ **Boat**   ☐ **Drift**   ☐ **Right**   ☐ **Training**
Dive Comments:
_____
_____
_____
_____
_____

BOTTOM TIME TO
DATE: _____

Time Of This Dive: _____

Cumulative Dive
Time: _____

Verification Signature:

_____

☐ **Instructor** ☐ **Divemaster** ☐ **Buddy**

Certification No: _____

Dive Number: _____
Date: _____
Location: _____
Ocean: _____

TIME IN:	TIME OUT:

Bar / psi START	Bar / psi END

SI | PG | PG

☐ Computer Dive

BOTTOM TIME

DEPTH

RNT_____
ABT _____
TBT _____

VISIBILITY:
_____

TEMP: Air _____ Surface _____ Bottom _____

GEAR USED
BCD: _____
Wetsuit: _____
Fins: _____
Weights: _____ **kg/lbs**
Cylinder: _____ **Litres**

DIVE SHOP STAMP

☐ **Steel**   ☐ **Aluminium**

☐ **Fresh**   ☐ **Salt**   ☐ **Shore**   ☐ **Boat**   ☐ **Drift**   ☐ **Right**   ☐ **Training**

Dive Comments:
_____
_____
_____
_____
_____

BOTTOM TIME TO DATE: _____	**Verification Signature:** _____ ☐ **Instructor** ☐ **Divemaster** ☐ **Buddy**
Time Of This Dive: _____	
Cumulative Dive Time: _____	**Certification No:** _____

Dive Number: _____

Date: _____

Location: _____

Ocean: _____

SI	PG		PG

□ Computer Dive

BOTTOM TIME
_____

DEPTH

TIME IN:	TIME OUT:
Bar / psi START	Bar / psi END

RNT_____
ABT _____
TBT _____

VISIBILITY:
_____

TEMP: Air ____ Surface ____ Bottom ____

GEAR USED
BCD: _____
Wetsuit: _____
Fins: _____
Weights: _____ kg/lbs
Cylinder: _____ Litres

DIVE SHOP STAMP

□ **Steel** □ **Aluminium**

□ **Fresh** □ **Salt** □ **Shore** □ **Boat** □ **Drift** □ **Right** □ **Training**

Dive Comments:

_____
_____
_____
_____
_____

BOTTOM TIME TO DATE: _____	**Verification Signature:**
Time Of This Dive: _____	_____
	□ **Instructor** □ **Divemaster** □ **Buddy**
Cumulative Dive Time: _____	**Certification No:** _____

Dive Number: _____

Date: _____

Location: _____

Ocean: _____

| SI | PG | | PG |

☐ Computer Dive

BOTTOM TIME
_____
DEPTH

TIME IN:	TIME OUT:

Bar / psi START	Bar / psi END

RNT_____
ABT _____
TBT _____

VISIBILITY:
_____

TEMP: Air _____ Surface _____ Bottom _____

GEAR USED
BCD: _____
Wetsuit: _____
Fins: _____
Weights: _____ **kg/lbs**
Cylinder: _____ **Litres**

DIVE SHOP STAMP

☐ **Steel**   ☐ **Aluminium**

☐ **Fresh**   ☐ **Salt**   ☐ **Shore**   ☐ **Boat**   ☐ **Drift**   ☐ **Right**   ☐ **Training**

Dive Comments:
_____
_____
_____
_____
_____

BOTTOM TIME TO
DATE: _____

Time Of This Dive: _____

Cumulative Dive
Time: _____

Verification Signature:

_____

☐ **Instructor** ☐ **Divemaster** ☐ **Buddy**

Certification No: _____

Dive Number: _____
Date: _____
Location: _____
Ocean: _____

TIME IN:	TIME OUT:

Bar / psi START	Bar / psi END

SI	PG		PG

☐ Computer Dive

BOTTOM TIME

DEPTH

RNT_____
ABT _____
TBT _____

VISIBILITY:
_____

TEMP: Air _____ Surface _____ Bottom _____

GEAR USED
BCD: _____
Wetsuit: _____
Fins: _____
Weights: _____ **kg/lbs**
Cylinder: _____ **Litres**

DIVE SHOP STAMP

☐ **Steel**   ☐ **Aluminium**

☐ **Fresh**   ☐ **Salt**   ☐ **Shore**   ☐ **Boat**   ☐ **Drift**   ☐ **Right**   ☐ **Training**

Dive Comments:
_____
_____
_____
_____
_____

BOTTOM TIME TO DATE: _____	Verification Signature:
Time Of This Dive: _____	_____
	☐ Instructor ☐ Divemaster ☐ Buddy
Cumulative Dive Time: _____	Certification No: _____

Dive Number: _____

Date: _____

Location: _____

Ocean: _____

| SI | PG | | PG |

☐ Computer Dive

BOTTOM TIME
_____
DEPTH

TIME IN:	TIME OUT:

Bar / psi START	Bar / psi END

RNT_____
ABT _____
TBT _____

VISIBILITY:
_____

TEMP: Air _____ Surface _____ Bottom _____

GEAR USED
BCD: _____
Wetsuit: _____
Fins: _____
Weights: _____ **kg/lbs**
Cylinder: _____ **Litres**

DIVE SHOP STAMP

☐ **Steel** ☐ **Aluminium**

☐ **Fresh** ☐ **Salt** ☐ **Shore** ☐ **Boat** ☐ **Drift** ☐ **Right** ☐ **Training**

Dive Comments:
_____
_____
_____
_____
_____

BOTTOM TIME TO DATE: _____	**Verification Signature:** _____
Time Of This Dive: _____	☐ **Instructor** ☐ **Divemaster** ☐ **Buddy**
Cumulative Dive Time: _____	**Certification No:** _____

Dive Number: _____

Date: _____

Location: _____

Ocean: _____

TIME IN:	TIME OUT:

Bar / psi START	Bar / psi END

SI	PG		PG

☐ Computer Dive

BOTTOM TIME

DEPTH

RNT_____
ABT _____
TBT _____

VISIBILITY:
_____

TEMP: Air ____ Surface ____ Bottom ____

DIVE SHOP STAMP

GEAR USED
BCD: _____
Wetsuit: _____
Fins: _____
Weights: _____ **kg/lbs**
Cylinder: _____ **Litres**

☐ **Steel**   ☐ **Aluminium**

☐ **Fresh**   ☐ **Salt**   ☐ **Shore**   ☐ **Boat**   ☐ **Drift**   ☐ **Right**   ☐ **Training**

Dive Comments:

_____
_____
_____
_____
_____

BOTTOM TIME TO DATE: _____	**Verification Signature:**
Time Of This Dive: _____	_____
	☐ **Instructor** ☐ **Divemaster** ☐ **Buddy**
Cumulative Dive Time: _____	**Certification No:** _____

Dive Number: _____

Date: _____

Location: _____

Ocean: _____

TIME IN:	TIME OUT:

Bar / psi START	Bar / psi END

SI	PG		PG

☐ Computer Dive

BOTTOM TIME

DEPTH

RNT_____
ABT _____
TBT _____

VISIBILITY:
_____

TEMP: Air _____ Surface _____ Bottom _____

GEAR USED
BCD: _____
Wetsuit: _____
Fins: _____
Weights: _____ **kg/lbs**
Cylinder: _____ **Litres**

DIVE SHOP STAMP

☐ **Steel**   ☐ **Aluminium**

☐ **Fresh**   ☐ **Salt**   ☐ **Shore**   ☐ **Boat**   ☐ **Drift**   ☐ **Right**   ☐ **Training**

Dive Comments:

_____
_____
_____
_____
_____

BOTTOM TIME TO DATE: _____	**Verification Signature:**
Time Of This Dive: _____	_____
	☐ **Instructor** ☐ **Divemaster** ☐ **Buddy**
Cumulative Dive Time: _____	**Certification No:** _____

Dive Number: _____

Date: _____

Location: _____

Ocean: _____

TIME IN:	TIME OUT:

Bar / psi START	Bar / psi END

SI	PG		PG

☐ Computer Dive

BOTTOM TIME _____

DEPTH

RNT_____
ABT _____
TBT _____

VISIBILITY: _____

TEMP: Air ____ Surface ____ Bottom ____

GEAR USED
BCD: _____
Wetsuit: _____
Fins: _____
Weights: _____ **kg/lbs**
Cylinder: _____ **Litres**

DIVE SHOP STAMP

☐ **Steel**   ☐ **Aluminium**

☐ **Fresh**   ☐ **Salt**   ☐ **Shore**   ☐ **Boat**   ☐ **Drift**   ☐ **Right**   ☐ **Training**

Dive Comments:
_____
_____
_____
_____
_____

BOTTOM TIME TO DATE: _____	**Verification Signature:**
Time Of This Dive: _____	_____
	☐ **Instructor** ☐ **Divemaster** ☐ **Buddy**
Cumulative Dive Time: _____	**Certification No:** _____

Dive Number: _____

Date: _____

Location: _____

Ocean: _____

| SI | PG | | PG |

☐ Computer Dive

BOTTOM TIME
_____

DEPTH

TIME IN:	TIME OUT:
Bar / psi START	Bar / psi END

RNT_____
ABT _____
TBT _____

VISIBILITY:
_____

TEMP: Air _____ Surface _____ Bottom _____

GEAR USED
BCD: _____
Wetsuit: _____
Fins: _____
Weights: _____ **kg/lbs**
Cylinder: _____ **Litres**

DIVE SHOP STAMP

☐ **Steel**   ☐ **Aluminium**

☐ **Fresh**   ☐ **Salt**   ☐ **Shore**   ☐ **Boat**   ☐ **Drift**   ☐ **Right**   ☐ **Training**

Dive Comments:
_____
_____
_____
_____
_____

BOTTOM TIME TO DATE: _____	**Verification Signature:**
Time Of This Dive: _____	_____
	☐ **Instructor** ☐ **Divemaster** ☐ **Buddy**
Cumulative Dive Time: _____	**Certification No:** _____

Dive Number: _____
Date: _____
Location: _____
Ocean: _____

TIME IN:	TIME OUT:

Bar / psi START	Bar / psi END

SI	PG		PG

☐ Computer Dive

BOTTOM TIME

DEPTH

RNT_____
ABT _____
TBT _____

VISIBILITY:
_____

TEMP: Air ____ Surface ____ Bottom ____

GEAR USED
BCD: _____
Wetsuit: _____
Fins: _____
Weights: _____ **kg/lbs**
Cylinder: _____ **Litres**

DIVE SHOP STAMP

☐ **Steel**   ☐ **Aluminium**

☐ **Fresh**   ☐ **Salt**   ☐ **Shore**   ☐ **Boat**   ☐ **Drift**   ☐ **Right**   ☐ **Training**

Dive Comments:
_____
_____
_____
_____
_____

BOTTOM TIME TO DATE: _____

Time Of This Dive: _____

Cumulative Dive Time: _____

Verification Signature:

_____

☐ **Instructor** ☐ **Divemaster** ☐ **Buddy**

Certification No: _____

Dive Number: _____

Date: _____

Location: _____

Ocean: _____

| SI | PG | | PG |

☐ Computer Dive

BOTTOM TIME
_____

DEPTH

TIME IN:	TIME OUT:

Bar / psi START	Bar / psi END

RNT_____
ABT _____
TBT _____

VISIBILITY:
_____

TEMP: Air _____ Surface _____ Bottom _____

GEAR USED
BCD: _____
Wetsuit: _____
Fins: _____
Weights: _____ kg/lbs
Cylinder: _____ Litres

DIVE SHOP STAMP

☐ **Steel**   ☐ **Aluminium**

☐ **Fresh**   ☐ **Salt**   ☐ **Shore**   ☐ **Boat**   ☐ **Drift**   ☐ **Right**   ☐ **Training**

Dive Comments:
_____
_____
_____
_____
_____

BOTTOM TIME TO
DATE: _____

Time Of This Dive: _____

Cumulative Dive
Time: _____

Verification Signature:

_____

☐ **Instructor** ☐ **Divemaster** ☐ **Buddy**

Certification No: _____

Dive Number: _____
Date: _____
Location: _____
Ocean: _____

TIME IN:	TIME OUT:

Bar / psi START	Bar / psi END

SI | PG | PG

☐ Computer Dive

BOTTOM TIME

DEPTH

RNT_____
ABT _____
TBT _____

VISIBILITY:
_____

TEMP: Air ____ Surface ____ Bottom ____

GEAR USED
BCD: _____
Wetsuit: _____
Fins: _____
Weights: _____ **kg/lbs**
Cylinder: _____ **Litres**

DIVE SHOP STAMP

☐ **Steel** ☐ **Aluminium**
☐ **Fresh** ☐ **Salt** ☐ **Shore** ☐ **Boat** ☐ **Drift** ☐ **Right** ☐ **Training**
Dive Comments:

_____
_____
_____
_____
_____

BOTTOM TIME TO DATE: _____

Time Of This Dive: _____

Cumulative Dive Time: _____

Verification Signature:

_____

☐ **Instructor** ☐ **Divemaster** ☐ **Buddy**

Certification No: _____

Dive Number: _____

Date: _____

Location: _____

Ocean: _____

SI	PG		PG

☐ Computer Dive

BOTTOM TIME

DEPTH

TIME IN:	TIME OUT:
Bar / psi START	Bar / psi END

RNT_____
ABT _____
TBT _____

VISIBILITY:
_____

TEMP: Air _____ Surface _____ Bottom _____

GEAR USED
BCD: _____
Wetsuit: _____
Fins: _____
Weights: _____ kg/lbs
Cylinder: _____ Litres

DIVE SHOP STAMP

☐ **Steel**   ☐ **Aluminium**

☐ **Fresh**   ☐ **Salt**   ☐ **Shore**   ☐ **Boat**   ☐ **Drift**   ☐ **Right**   ☐ **Training**

Dive Comments:

_____
_____
_____
_____
_____

BOTTOM TIME TO DATE: _____	**Verification Signature:** _____
Time Of This Dive: _____	☐ **Instructor** ☐ **Divemaster** ☐ **Buddy**
Cumulative Dive Time: _____	**Certification No:** _____

Dive Number: _____

Date: _____

Location: _____

Ocean: _____

TIME IN:	TIME OUT:
Bar / psi START	Bar / psi END

SI | PG | PG

☐ Computer Dive

BOTTOM TIME

DEPTH

RNT_____
ABT _____
TBT _____

VISIBILITY:
_____

TEMP: Air _____ Surface _____ Bottom _____

GEAR USED
BCD: _____
Wetsuit: _____
Fins: _____
Weights: _____ **kg/lbs**
Cylinder: _____ **Litres**

☐ **Steel**   ☐ **Aluminium**

☐ **Fresh**   ☐ **Salt**   ☐ **Shore**   ☐ **Boat**   ☐ **Drift**   ☐ **Right**   ☐ **Training**

Dive Comments:

_____
_____
_____
_____
_____

DIVE SHOP STAMP

BOTTOM TIME TO DATE: _____	**Verification Signature:**
Time Of This Dive: _____	_____
Cumulative Dive Time: _____	☐ **Instructor** ☐ **Divemaster** ☐ **Buddy**
	Certification No: _____

Dive Number: _____

Date: _____

Location: _____

Ocean: _____

| SI | PG | | PG |

Computer Dive

BOTTOM TIME

DEPTH

TIME IN:	TIME OUT:

Bar / psi START	Bar / psi END

RNT_____
ABT _____
TBT _____

VISIBILITY:
_____

TEMP: Air _____ Surface _____ Bottom _____

GEAR USED
BCD: _____
Wetsuit: _____
Fins: _____
Weights: _____ **kg/lbs**
Cylinder: _____ **Litres**

DIVE SHOP STAMP

□ **Steel**   □ **Aluminium**

□ **Fresh**   □ **Salt**   □ **Shore**   □ **Boat**   □ **Drift**   □ **Right**   □ **Training**

Dive Comments:
_____
_____
_____
_____
_____

BOTTOM TIME TO DATE: _____ Time Of This Dive: _____ Cumulative Dive Time: _____	**Verification Signature:** _____ □ **Instructor** □ **Divemaster** □ **Buddy** **Certification No:** _____

Dive Number: _____
Date: _____
Location: _____
Ocean: _____

TIME IN:	TIME OUT:

Bar / psi START	Bar / psi END

SI | PG | PG

□ Computer Dive

BOTTOM TIME

DEPTH

RNT_____
ABT _____
TBT _____

VISIBILITY:
_____

TEMP: Air ____ Surface ____ Bottom ____

GEAR USED
BCD: _____
Wetsuit: _____
Fins: _____
Weights: _____ **kg/lbs**
Cylinder: _____ **Litres**

DIVE SHOP STAMP

□ **Steel**   □ **Aluminium**

□ **Fresh**   □ **Salt**   □ **Shore**   □ **Boat**   □ **Drift**   □ **Right**   □ **Training**

Dive Comments:
_____
_____
_____
_____
_____

BOTTOM TIME TO DATE: _____	**Verification Signature:** _____
Time Of This Dive: _____	□ **Instructor** □ **Divemaster** □ **Buddy**
Cumulative Dive Time: _____	**Certification No:** _____

Dive Number: _____
Date: _____
Location: _____
Ocean: _____

TIME IN:	TIME OUT:

Bar / psi START	Bar / psi END

SI | PG | PG

☐ Computer
Dive

BOTTOM TIME
_____
DEPTH

RNT_____
ABT _____
TBT _____

VISIBILITY:
_____

TEMP: Air _____ Surface _____ Bottom _____

GEAR USED
BCD: _____
Wetsuit: _____
Fins: _____
Weights: _____ **kg/lbs**
Cylinder: _____ **Litres**

DIVE SHOP STAMP

☐ **Steel**   ☐ **Aluminium**

☐ **Fresh**   ☐ **Salt**   ☐ **Shore**   ☐ **Boat**   ☐ **Drift**   ☐ **Right**   ☐ **Training**

Dive Comments:
_____
_____
_____
_____
_____

BOTTOM TIME TO
DATE: _____

Time Of This Dive: _____

Cumulative Dive
Time: _____

Verification Signature:

_____

☐ **Instructor** ☐ **Divemaster** ☐ **Buddy**

Certification No: _____

Dive Number: _____
Date: _____
Location: _____
Ocean: _____

| SI | PG | | PG |

☐ Computer Dive

BOTTOM TIME

DEPTH

TIME IN:	TIME OUT:

Bar / psi START	Bar / psi END

RNT_____
ABT _____
TBT _____

VISIBILITY:
_____

TEMP: Air _____ Surface _____ Bottom _____

GEAR USED
BCD: _____
Wetsuit: _____
Fins: _____
Weights: _____ **kg/lbs**
Cylinder: _____ **Litres**

DIVE SHOP STAMP

☐ **Steel**   ☐ **Aluminium**

☐ **Fresh**   ☐ **Salt**   ☐ **Shore**   ☐ **Boat**   ☐ **Drift**   ☐ **Right**   ☐ **Training**

Dive Comments:

_____
_____
_____
_____
_____

BOTTOM TIME TO DATE: _____	**Verification Signature:**
Time Of This Dive: _____	_____
	☐ **Instructor** ☐ **Divemaster** ☐ **Buddy**
Cumulative Dive Time: _____	**Certification No:** _____

www.ingramcontent.com/pod-product-compliance
Lightning Source LLC
Chambersburg PA
CBHW051032030426
42336CB00015B/2837